青少年百科知识文库

未解之谜·世界地理探秘

UNSOLVED MYSTERY 司马袁茵◎编著

河南人民出版社

图书在版编目（CIP）数据

世界地理探秘/司马哀茵编著．--郑州：河南人
民出版社，2014.11
（青少年百科知识文库．未解之谜）
ISBN 978-7-215-09059-0

Ⅰ．①世．Ⅱ．①司．Ⅲ．①地理－世界－青少年读物
Ⅳ．①K91-49

中国版本图书馆CIP数据核字(2014)第258381号

设计制作：崔新颖　王玉峰
图片提供：🔵 fotolia

河南人民出版社出版发行

（地址：郑州市经五路66号　　邮政编码：450002　电话：65788036）
新华书店经销　　　　永清县晔盛亚胶印有限公司 印刷
开本 710毫米×1000毫米　　　　1/16　　　　印张 9
字数 128千字　　　　插页　　　印数 1-6000册
2014年11月第1版　　　　　　2015年4月第1次印刷

定价：29.80元

目录 CONTENTS

Part ❶ 文明的遗迹谜团

Part ② 神奇地带

Part ③ 神秘的高山峡谷

Part④ 神奇的湖泊与瀑布

Part⑤ 神奇的岩石和洞穴

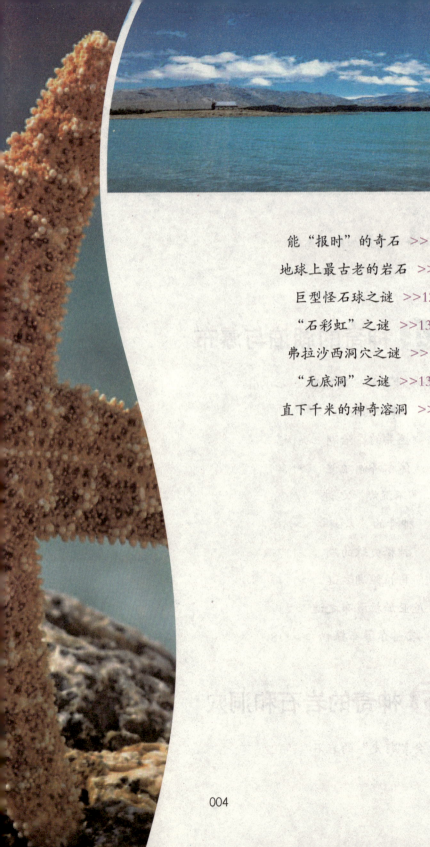

Part 1
文明的遗迹谜团

王国都城埃布拉之谜

　　在叙利亚北部城市阿勒颇与哈马之间，是一片无垠的沙漠，沙漠中有个名叫特尔·马尔狄赫的巨大土丘,高出周围地面约10米,远远望上去,气势非同一般。20世纪轰动全球的最重大考古发现之一——埃布拉古国都城遗址即沉睡在这座引人注目的荒丘之下。

　　早在1862年，法国考古学家梅·戴沃盖曾对这一带进行过考察，发现了一些古建筑遗址，遗憾的是，由于种种原因，他的发掘工作未能深入下去，结果与这座古老的王国都城失之交臂。

　　1955年，叙利亚的一个农民在荒丘上偶然发掘出一个用灰色玄武岩雕刻而成的狮子和一个三面雕刻有武士图案的水槽（现收藏在阿勒颇国立博物馆），引起专家学者们的重视。1964年，意大利考古学家保罗·马蒂埃率领罗马大学考古队来到叙利亚，追寻距今4000多年前的青铜时代城址，选中了兀立在沙漠中的特尔·马尔狄赫荒丘，对之进行了连续多年的大规模调查和发掘，结果大喜过望，他们幸运地找到了一座不为人知的王国都城埃布拉。

　　特尔·马尔狄赫土岗遗址的地层叠压关系向世人提供了一幅完整的西亚历史画卷。从考古发掘出土的资料来看，约在公元前4000年，这里已有原始先民定居，到公元前 2900 年左右，埃布拉已是西亚比较强盛的国家之一。这个国家是以埃布拉都城为中心，联合附近一些村庄和城镇而形成的，故有些学者称之为"城邦国家"。据估计，当时埃布拉都城里聚居着约 3 万居民，整个埃布拉王国鼎盛时期的人口约有二三十万，是古代西亚城邦国家中人口较多的国家之一。

埃布拉城平面大致呈菱形，最宽处约 1000 米，辟有 4 门，遗址总面积 56 万平方米，城址中央最近似圆形的卫城，直径约 170 米。1973 年，在卫城中发现公元前 3000 年前的王宫，宫墙高达 15 米，宫殿鳞次栉比，千门百户，结构复杂多变，阶梯走廊曲折相通，是王宫成员的居住区。在城墙和卫城之间是普通居民的生活区。1957 年，又在卫城中发现了王室档案库，里面出土了大量完整的文书，主持发掘工作的保罗·马蒂埃博士惊叹道："我的第一印象是，好像看到了一个泥板文书的海洋！"

埃布拉古国自公元前 2900 年始到公元前 1600 年终，延续达 1300年之久。刀光剑影，血雨腥风，终于将这个盛极一时的王国埋葬，以致湮没无闻数千载。

埃布拉古国的重见天日无疑应该归功于考古人员的辛勤努力。1968年，马蒂埃博士在卫城中发掘出一件玄武岩的无头男子雕像，雕像的袍子上刻着 26 段楔形文字铭文，其中写道："因为埃布拉之王和伊斯塔尔女神的缘故，将水槽奉献给大神庙。"1975 年，他在卫城之中又发现一座王室档案库，出土了约 1500 件黏土板文书，文书中不止一次出现"埃布拉"一词，其中有一段文书写道："人类创始以来，众王之中没有人夺取过阿心马纳和埃布拉，纳加尔神为坚强的那拉姆·辛拓宽道路，赐予阿尔马纳和埃布拉，又赐予阿那拉姆杉树之山和大海。"那拉姆·辛（公元前 2291—前 2255 年在位）就是阿卡德帝国君主萨尔贡一世的孙子；

大海指的就是地中海。据此，考古学家们欣喜地意识到，他们的辛劳得到了报答——他们幸运地发现了消逝数千年之久的文明古国埃布拉。

埃布拉古国在考古发现之前一直是一个不为人知的国度，有关这个王国各方面的情况，几乎均来源于埃布拉文书的记载。15000件黏土板文书大多接近正方形，边长约20厘米，自1975年出土以来，引起世界各国学者的广泛兴趣。研究结果表明，这些黏土板文书成文的时间大约是在公元前3000年至公元前2500年，镌刻其上的楔形文字80%是苏美尔语，20%是"埃布拉语"。据此专家们推测，当时的埃布拉王国可能是以苏美尔语作为官方语言，而民间语言仍属西亚塞姆语系的闪语，埃布拉国最古老的居民很可能就是塞姆语族的一部分。但"埃布拉语"作为塞姆语的一种，究竟与已知的塞姆语系的阿卡德语、阿摩利语、希伯来语有何联系，尚是一个待解之谜。

尽管还有相当数量的"埃布拉文书"尚未破译，但是，根据已经释读的大量文书记载，学者们已经可以勾勒出这个神秘国度的概况。

← 埃布拉遗址

埃布拉古国是一个高度发展的奴隶制国家，王室、神庙僧侣和世俗贵族都占有大量的私有土地，以地域关系为纽带结合起来的农村公社仅占有少量土地。在埃布拉古国晚期，贫富分化悬殊，社会矛盾激化。埃布拉古国长年实行募兵制，拥有一支兵种齐全、装备精良、训练有素、战斗力强的常备军，国王凭借军事力量，对内加强统治，对外频繁发动侵略战争。有一块黏土板文书中列举了260座古代城市，这些城市的名字历史学家们闻所未闻。有些学者推测，这260座城市很可能都曾被埃布拉王国军队征服过，随着军事侵略的胜利和王国版图的扩大，大量奴隶和财富流入埃布拉国内，埃布拉奴隶制经济空前繁荣。一些黏土板文书中写有很多指令、税款和纺织品贸易的账目以及买卖契约，还有一块黏土板上写有70多种动物的名称，表明埃布拉王国的工商业也相当发达。

就在埃布拉王国称雄一时的时候，两河流域另一个奴隶制城邦阿卡德王国强大起来。阿卡德城位于巴比伦尼亚（今巴格达）以北，阿卡德国王萨尔贡一世（约公元前2371—前2316年在位）先后34次出征，统一了苏美尔和阿卡德，建立起统一的阿卡德王国（约公元前2371—前2191年），兵锋远达埃兰、两河流域北部以及地中海东岸一带。萨尔贡一世自诩为"天下四方之王"，在一块黏土板文书中记载他的赫赫战功时写道："萨尔贡王，俯首祈祷在图吐勒的达干神面前，他（指神）把上部地区赐予（萨尔贡），（此即）马里、拉尔穆提、埃布拉，直到雪松林和银山。"据此可知萨尔贡一世曾经征服过埃布拉。萨尔贡一世的孙子那拉姆·辛统治时期（约公元前2291—前2255年在位），横征暴敛，滥杀无辜，他率领军队亲征埃布拉王国，并将埃布拉都城焚毁殆尽。虽经历这场火灾，王室档案库中的大量黏土板文书却得以完整保存下来，成为人们研究西亚历史的珍贵文献资料。

阿卡德王国的军队撤退后，埃布拉人在废墟上重建家园，修筑了宏伟壮观的大神庙等重要建筑，古都恢复了昔日的繁华和喧闹。但好景不长，大约在公元前2000年，游牧民族阿摩利人的铁蹄践踏了这里，再度将这座城市掳掠一空，临走时又放了一把大火将其焚毁，此后，阿摩利人长驱直入，到达巴比伦尼亚，建立了古巴比伦王国。埃布拉古国由于迭遭浩劫，日渐衰落，公元前1600年，最后一场大火将埃布拉都城彻底毁灭，埃布拉居民也突然消失得无影无踪。这场毁灭性的灾难究竟是由于统治者内部纷争造成的，还是由于来自北方小亚细亚的强悍民族赫梯人的侵略，似乎已成为一个永远无法解开的历史之谜。

埃布拉古国的发现是一个具有划时代意义的重大历史事件，在这样一个严重干旱、人迹罕至、鸟兽绝迹的沙漠地区，人类曾建立过一个繁庶的国家，创造过光辉灿烂的文化，的确是一个了不起的奇迹。难怪在发现埃布拉古国的消息公布以后，有人甚至将它列为"世界第八奇迹"，从某种意义上来讲，这种评价是不过分的。可以预料，随着"埃布拉文书"释读研究工作的深入，改写中东历史的日子为期不远了。

摩亨佐·达罗城之谜

　　在巴基斯坦信德省的拉尔卡纳县南部，滚滚流淌的印度河右岸，有一座半圆形的佛塔废墟，修建年代无人知晓。白日狂风沙尘呼叫，夜晚寒风习习，尽收眼底的只有一望无际的信德沙漠。当地人称之为"死人之丘"。

　　多少年来，这里一片荒芜，满目凄凉，没有人烟。可是，有谁想到这漫漫黄沙之下埋藏着一个曾经高度发达的文明城市呢！

　　1922年，几名印度勘察队员偶然来到这里，在佛塔的废墟里，找到了几块刻着动物图形和令人费解的文字的石制印章。

　　接下来的几十年里，几个考古工作队相继来到这里进行了发掘和整理，终于发现这里是一座重要的古代城市的废墟。这一考古发现，向世人证明了印度河文明与两河流域的苏美尔文明一样古老而灿烂。

　　这座标志着"印度河文明"的古城，就是举世闻名的摩亨佐·达罗。

　　摩亨佐·达罗与在旁遮普的哈拉巴一起，被考古学家和历史学家称为"哈拉巴文化"。摩亨佐·达罗是公元前3000～前1750年青铜器时代的一座世界名城。这个城市的居民叫"达罗毗荼人"，是世界上最早种植棉花并用棉花织布的民族之一。他们创造了结构独特的文字，还发明了相当精密的度量衡方法，建立了高度发达的城市经济，而且广泛地和其他各民族进行着贸易往来。

但是，摩亨佐·达罗城是怎样衰落直至葬身黄沙之下的呢？摩亨佐·达罗人是在什么时候遗弃这座城市的？他们后来又到哪里去了？

世界各国的许多考古学家、历史学家、人种学家和古文字学家一直试图通过发掘出来的古城遗址和大批石制印章、陶器、青铜器皿等文物，揭开古城的秘密。几十年过去了，古城的真实面貌已经渐渐显露出来。

这座古城最早是一些小小的村庄。后来，各个村庄逐渐扩大，渐渐连在一起，形成了一个城市。摩亨佐·达罗城有高大的城墙和宽阔的街道，居民大约有数万人。城里的街道十分整齐，房屋排列得井井有条。

摩亨佐·达罗城里街道大部分是东西向和南北向的直路，成平行排

↑ 摩亨佐·达罗城

列，或直角相交。主要街道宽达 10 米，下面有排水道，用拱形砖砌成，形成了一个独特的排水系统。

古城里的建筑物都用火砖砌成。在这里，人们能看到 5000 年前留下来的高达 7.5 米的断垣残墙。住宅大小不等：小住宅只有两间房；大住宅里有大厅和许多间房屋。凡是多房间的住宅，都有几间面向中央庭院，另有一扇侧门通向小巷。在这些住房中间，最突出的一幢是包括许多间大厅和一个储存库的建筑物。它可能就是当时摩亨佐·达罗城的国王或首领居住的地方。

另外，还有不少两层楼房屋，下层是厨房、洗澡间，上层是卧室。这些显然是属于有钱有势人家的住宅。不过，迄今还没有发现，或者还无法证明，哪一座建筑是宫殿或是神庙。古城里发现过一些带有很多装饰品的小型裸体人像。据推测，这也许就是一种吉祥的象征物。

古城里的大多数住宅都有水井和整洁的浴室，而且有一条修得很好的排水沟，把废水引入公共排水渠中。大小住宅多半都在外墙里面装有专用的垃圾滑运道。居民们可以把废物倒进滑运道，滑到屋外街边小沟。小沟又连接下水道系统。这样复杂的污物和污水处理系统，不仅在上古时代是无与伦比的，就是当今世界上的许多城镇也望尘莫及。

古城的居民特别爱清洁。城里最突出的一个建筑物就是一个大澡堂。澡堂里的大浴池呈长方形，长 40 米，宽约 20 米。浴池南北两端有阶梯，有一条一人高的排水沟可以随时把废水排出浴池。澡堂和一个房间里有一口椭圆形水井，大概是给浴池供水的。浴池底部和四周的砖块都用石膏灰浆砌合，外面涂上一层沥青，然后再砌一层砖块，以防漏水。浴池北面有一连串小浴室。每个浴室里有一个放置水罐的高平台，看来是作热水浴之用的。此外，还有作为其他用途的一些房间。这座大澡堂是摩亨佐·达罗人高度重视清洁卫生的标志，也是首次见于历史的一种现象。

在摩亨佐·达罗古城遗址里发现的大量石制印章，不仅是一种雕刻技艺精湛的工艺品，更是人类古文明最珍贵的文献资料。因为，在这些印章上刻有牛、鱼和树木的图形文字，很像古埃及的象形文字和苏美尔人的楔形文字。遗憾的是，这些"天书"至今还没有被人们识读。曾经有一位捷克斯洛伐克的学者说，他已读通了125个这种文字，并认为摩亨佐·达罗文字已由图画文字演进到了带有表音性质的文字。

古城摩亨佐·达罗遗址的发现证明：包括现在印度和巴基斯坦的古印度，也和埃及、巴比伦、中国一样，是人类文明的摇篮。

史学家认为，昔日摩亨佐·达罗郊外，也是郁郁葱葱，长满着茂盛的草木。和尼罗河一样宽阔古老的印度河，不仅灌溉着这里的千里沃野，也孕育了人类的文明。只是到了后来，由于过度的放牧和种植，破坏了生态平衡，使得植被稀疏，表土裸露，在强烈的阳光照射下，其水分迅速蒸发，然后随风吹蚀，最后终于使这里沦为一片沙洲。可见，环境的保护是多么的重要。

但是，摩亨佐·达罗人后来究竟跑到什么地方去了呢？摩亨佐·达罗古城和"印度河文明"究竟是怎样消失的呢？

这些谜底可能还深藏在神秘的"死人之丘"底下。可是，由于岁月的消磨，洪水的冲刷和盐碱的腐蚀，解开这些历史悬案的希望就像眼前的摩亨佐·达罗遗址日见颓败一样，变得越来越渺茫了。

最古老城市耶利哥探秘

在注入死海的约旦河口西北约 50 千米处，巴勒斯坦境内的埃里哈城郊，有一座低于海平面以下约 250 米的古城，这座古城正好位于耶路撒冷与安曼之间的约旦河河谷中央，这就是驰名世界的最古老城市耶利哥。

耶利哥的本意是"月亮城"和"香料城"。它地处亚热带，气候干燥，雨水稀少，由于附近的"苏丹泉"和"厄利夏泉"的滋润，才形成了一片富饶的绿洲，从而吸引了一批又一批的先民到此安家乐业，繁衍生息。

《圣经》记载：耶利哥城一度水不清、土不肥。先知以利沙听后，让居民拿出一只碗来，在里面盛满了盐，然后他将满满的一碗盐撒入井中，从此，耶利哥城水清土肥了。因此有人认为，如果说埃及是受赐于尼罗河的话，那么耶利哥则是受惠于泉水的恩赐。在历史上，这里棕榈茂密，故又有"棕榈城"之称。

关于耶利哥城，据《圣经》记载，早在约书亚接替摩西成为以色列人的领袖，率领以色列人攻陷并摧毁耶利哥之前，耶利哥即已经存在许多世纪了，并且一直是一座威震迦南（今巴勒斯坦）的名城。许多东方侵略者在它的铜墙铁壁面前，碰得头破血流，铩羽而归！

《圣经·约书亚记》生动描述了约书亚率领以色列人智取耶利哥城的过程。

据载，约书亚率领以色列人从埃及辗转跋涉，到达约旦河东岸时，在什亭安营扎寨，他们举目望去，只见河对岸广阔的棕榈林中，矗立着耶利哥城的一座座碉堡和塔楼，凛然不可侵犯，约书亚久闻耶利哥城固若金汤，未敢贸然进犯。为了摸清耶利哥城的兵力和军事设施情况，他派遣两名以色列军人，乔装成迦南人，混进城中侦察敌情。当这两个探子完成任务傍晚准备回营时，发现城门已经关闭，他们在城门附近的一家客栈求宿。那家客栈的女主人是个妓女，名叫喇合，她很机灵，一下就认出这两个人是以色列探子，尽管如此，她还是热情接待了这两位不速之客。但事不凑巧，两名以色列探子的行踪被一位耶利哥人看见，他立即报告了耶利哥王，耶利哥王听到报告后，立即派守备队前去捉人。妓女喇合将这两名探子藏在房顶上，掩护起来，躲过了搜捕。两名探子由衷地感谢喇合的救命之恩，并起誓，攻陷耶利哥城后，保证喇合及其父亲、兄妹的性命。因为喇合的房子紧挨着城墙，喇合帮助探子顺着绳子溜下城墙，逃出耶利哥城。

两名探子平安回营后，向约书亚汇报了所了解的情况。当天夜里，约书亚率领全体以色列军民，在耶和华上帝的神助下，脚都未湿就渡过了波涛汹涌而又浑浊的约旦河，直逼耶利哥城下，将耶利哥城团团包围起来。

约书亚的围攻战术新颖独特。每天以色列人都走出营盘，在离弓箭石弹射不到的距离，绕耶利哥城走一圈，一连这样进行了6天。被困在城里的耶利哥人都攀上城墙，惊恐地观看以色列人的游行队伍，由于不解其中的奥秘，心里越来越怕，担心大难临头。自从耶利哥城建成以来，

↑ 耶利哥洞穴

从未有哪一班侵略者行动如此神秘莫测。

到了第 7 天，约书亚决定对耶利哥发起总攻。清早，他仍旧把军队领出营盘，这回以色列人绕城走了 7 次，前 6 次他们跟前 6 天一样，一声不吭，但走到第 7 次时，以色列人一听到号角声，就齐声呐喊，喊声震天动地，城墙随之倒塌，以色列人一拥而上，攻入城中，见人就杀，除了妓女喇合一家外，不分男女老幼，包括牲畜在内，全被斩尽杀绝。最后，以色列人抢掠了城里的金银财物，又纵火焚烧了房屋和其他建筑物，显赫一时的耶利哥城化为一片灰烬。

基于《圣经》的记载，19 世纪以后，考古学家们不断涌来，探寻这座古城遗址。1867 ～ 1870 年，欧洲人沃伦率先在耶路撒冷及其周围地区展开了调查发掘工作，但是一无所获。1907 ～ 1909 年，德国东方协会的厄恩斯特·塞林教授揭开了耶利哥城的发掘序幕。1930 ～ 1936 年以及 1952～1958 年，加斯唐和凯尼扬分别率领一支英国考古队发掘了这座古城遗址，揭示出从新石器时代直至《圣经·约书亚记》第 6 章中所描述的毁城时代为止的完整序列，其时间跨度为公元前 1 万年至公元前 20 世纪中叶。它不仅在巴勒斯坦，在世界历史上也算得是屈指可数的重要遗址之一。

耶利哥城掩埋在南北长 350 米，东西宽 150 米，高 21.5 米的巨大人工土丘之下，经过 100 多年来的考古发掘，虽然迄今尚未发现被以色列人摧毁的耶利哥城遗址，但是英国女考古学家凯瑟琳·凯里扬博士在 1952～1958 年的考古发掘过程中，发现了更为古老的城墙遗址，经过放射性元素碳 14 测定，最早的年代为公元前 800 年。史学家认为，以色列人攻打耶利哥之役发生在公元前 1400～前 1250 年之间，因此耶利哥城在被以色列人毁灭之前至少已经存在 6500 年。这一重大的考古发现使全世界为之震惊和欣喜。

耶利哥城的形成绝非朝夕之功，耶利哥遗址丰富的文化层向我们展示了一幅波澜壮阔的历史画卷。

从公元前 1 万年起，人类就已经在这里定居。在遗址的最底层，考古工作者发掘出土了纳吐夫文化时期的几何形细石器、骨器等遗物，还发现了寺庙建筑遗址。专家们推测，寺庙是以狩猎和采集为主要生活来源的先民们用来祭祀泉水的建筑。

耶利哥遗址的新石器时代住址占据了第 9 至 17 层，第 9 层出土有陶器，第 10 层至 17 层不见陶器，俗称"前陶新石器文化层"。在凯尼扬博士命名的"前陶新石器 A 层"中，长眠着迄今所发现的世界上最古老的城市耶利哥，在这一层中，发现有直径 5 米左右的圆形竖穴居室，系由半圆锥体形状的土坯垒砌而成。城市废墟面积约 4 公顷（相当于

60 市亩），城周围由厚 2 米、高 4 米的石砌城墙，城墙最高处超过 6 米，用雕琢规整的石块垒成。城墙外还发现了一条宽 6.44 米、深 2.43 米的大沟，类似中国的护城壕。城中建有直径 10 米、高 8.5 米以上的巨大塔楼，塔楼内设有阶梯直通顶端，类似于欧洲中世纪的城堡主垒。考古学家们推测，当时耶利哥城常住居民人口有 2000 人，他们从事农业生产，饲养牛、绵羊和猪，掌握了燧石制作工具的技术。这些居民还从事大规模土木工程建设，其组织严密的程度令人称奇。

然而，繁盛一时的耶利哥城在公元前 7300 年左右突然衰落，此后与此文化系统不同的人从叙利亚一带迁来定居，形成"前陶新石器 B 层"遗址。新居民用晒干的扁平状土坯建筑较为规整的方形住宅，地面与墙壁抹上一层灰泥，屋内设神龛，城内新建了用于祭祀的建筑物。最有趣的是，在这一层中发现了一具用灰泥按死者生前面貌复原的头骨，眼睛用贝壳镶嵌，耳鼻酷肖，无疑与祖先崇拜有关。至公元前 6000 年左右，耶利哥再度废弃，沦为荒丘。

公元前 4500 年左右，耶利哥重现人类活动的踪影。居民们已会制作陶器，他们居住在竖穴房屋里，具有强烈的游牧民色彩，这些生活在"有陶新石器时代"的先民大约逗留了 500 年，便远徙他乡，另觅新居。

到了公元前 3000 年左右的青铜时代早期，耶利哥再度兴盛起来。居民们穿岩凿墓，埋葬死者，他们死后盛行多人多次合葬。此外，还筑起城墙。凯尼扬博士称之为"原始都市期"。英国剑桥大学的著名考古学家格林·丹尼尔在其代表作《考古学 150 年》中称耶利哥在这一时期才形成一座城市，与凯尼扬博士的观点略有出入。但不管怎样，居民们用干土坯垒砌的城墙在地震和外敌的攻击下，屡废屡兴，最终被阿摩利人的一把大火焚毁殆尽。

在这场浩劫后，耶利哥沦为尚未开化的阿摩利人的宿营地。公元前1900年左右，又有一支来自叙利亚的民族占据了这座城市，重建耶利哥城，耶利哥进入中期青铜时代，这是耶利哥最繁荣的时期，很快，城市高度发展，成为重要的贸易中心。耶利哥城居民南与埃及人，北与赫梯人，东与美索不达米亚城邦，西与迈锡尼人进行交往，其富饶状况集中反映在这一时期岩穴墓中随葬品的种类和数量上。地下出土遗物表明，随葬品种类多，数量大，有食物、家具、装饰品、陶器、雪花石膏制的容器、小木箱以及放置食物的桌子等。

可是，好景不长。公元前1560年前后，从埃及远道而来的喜克索斯人攻入耶利哥，混乱中，城市毁于大火，化为焦土。

前述《圣经》里记载的约书亚率领以色列人攻占并摧毁耶利哥城，如果这是史实的话，在年代上应当属于这一时期，遗憾的是，到目前为止，考古调查和发掘并未能提供任何证据。如果按历史学家的看法，以色列人攻入耶利哥城是在公元前1400～前1250年的话，那么，早在以色列人进入迦南之前150年，也就是公元前1560年左右，耶利哥城已是残垣颓壁，满目荒凉了，根本不可能存在以色列人攻陷和血洗耶利哥城的悲壮场面。因此，史学家们普遍认为，《圣经》的这一段记载纯属虚构，其目的是为了抬高以色列人的地位和声誉。

耶利哥城的重见天日揭开了人类城市发展史的新篇章，它将人类城市的起源从公元前5000年推到公元前8000年，整整提前了3000年！随着考古调查的进展，我们相信，在世界上许多地方，不管是海底还是陆上，不管是低谷还是山丘，都有可能埋葬着比耶利哥更早的城市，而这些未来的发现正有待于后继者去发掘。

墨西哥城之谜

墨西哥城是一座文化古城，有很多大的公园，像查普特佩克；有漂亮的博物馆，像国家人类学博物馆；当然也少不了歌剧院和电影院。豪华宾馆在四处漏风的简陋平房中间显得格外炫目，中世纪大教堂前是蜷缩在街边的乞丐。这是一座充满矛盾的城市，无家可归者住在白铁皮和瓦楞纸搭的小屋里，住在轮胎、木棍、铁条中间。男人们爱在家里喝上几杯廉价的龙舌兰酒。只有几条大街上布满高级时装店，陈列着昂贵的世界名牌时装。

不知道墨西哥城的居民有没有意识到，自己居住在一个孕育人类史前文明的城市中。1519 年 11 月 15 日，西班牙占领者埃尔南·科尔特曾率领军队，来到这个阿兹特克大都市特诺奇蒂特兰的城门前。那时，眼前是一片波光粼粼的泻湖，神秘的庙宇、宫殿和金字塔在朝阳中闪烁着炫目的光彩。全城住宅近 7 万处，富贵遍地。

阿兹特克人时期的特奥蒂瓦坎已是一座废墟。他们认为这是古代诸神的墓地。关于特奥蒂瓦坎是怎么形成的，阿慈特克人的传说中是这样讲的："黑夜，太阳还没升起，诸神降临这个叫做特奥蒂瓦坎的地方。"

诸神小组有 4 名成员，他们是星空女神、星图之神、大师魁扎尔科

亚特尔神和特拉洛克雨神。这个临时性的天国组织要指点人类的命运。他们用白粉涂面，裹着昂贵的羽衣。两名神灵同时负责生起神灶，点燃一团熊熊烈火。在烟气与火光中，与另外两名消失在无尽的苍穹中。

诸神飞向宇宙，却留下对这座都市的规划和建筑。直到今天，通过遗址我们才渐渐明白。

不知负责修建特奥蒂瓦坎城的祭司建筑师到底是谁。有一点没有争议，那就是特奥蒂瓦坎城为墨西哥高原最古老的文明，始建于公元前1000年左右。那时欧洲还没有罗马，罗马应在250年后建成。在遥远的古埃及，正经历着第21代王朝。古希腊处于古典的海伦时代，《旧约全书》中，大卫刚刚战胜了勇士歌利亚。

← 墨西哥古城

罗马城非一日建成，特奥蒂瓦坎城也是一样。考古学家现已确定了它的5个建城时期。在600年左右的繁荣时期，特奥蒂瓦坎拥有约20万人口。

20世纪的城建经验告诉我们，城市的发展是多么杂乱无章，缺乏系统。特奥蒂瓦坎却完全是另外一个样子。在这里，从一期建造开始就有完备的计划，并在以后的扩建中得到严格遵守。1000年不算太短，对于今天的城市管理部门来说，让他们现在的设计规划经受住这么长时间的考验只不过是一个梦想。

女考古学家劳瑞特·泽约涅曾多年领导特奥蒂瓦坎的发掘工作。她认为，在这高度文明的发祥地，存在着一个尚未完全揭开的秘密：这样非凡的智慧从何而来，竟然可以成就如此伟大的规划？

人们不知道那些神秘的设计建造者是谁，于是以这座城市的名字称呼他们——特奥蒂瓦坎人。

城里有一条纵贯南北的豪华大道，长 3000 米，宽 40 米，人们叫它"冥街"。这确实是一条豪华的街道，左右两侧点缀着金字塔和神庙平台。朝北望去，林荫道的坡度足有 30°；站在南端，会有一种错觉：街道仿佛直通云天。于是就成了这样：站在低处一端，就会看到高度相等的台阶组成的楼梯无边无际，最后与 3000 米外的月亮神金字塔融为一体。

反之，站在月亮神金字塔上，看到的不过是一条笔直的街道，所有的台阶像是让神一笔抹去了。

正式的说法是：那些特奥蒂瓦坎的神秘设计者应是石器时代人类。要问测量一条长 3000 米的街道——方法是每隔几米建 6 级台阶一处平台，所有这些台阶和平台需在不断升高的街道尽头分毫不差地与一座巨型金字塔相融——该是多么困难，每个今天的街道测量员都会给你讲上三天三夜的。因为不能有一级台阶、一处平台和一块间隔与标准发生偏差。这真是石器时代的作品吗？

冥街尽头的月亮神金字塔是一座梯形塔式建筑，塔基为 150×200 平方米，比两个足球场还要大。此塔建在 44 米的高度上，有 5 个中心走廊，中部的宽台阶延伸至最高的平台，平台上面应该是有一座闪闪发光的金色神像。

从月亮神金字塔望去，左面是中美洲最有纪念意义的建筑物——太阳神金字塔，占地 222×265 平方米，比月亮神金字塔高 20 米。从最高平台望去，给人的感觉是太阳月亮两塔等高。这种错觉是由街道的坡度造成的。

另外，特奥蒂瓦坎太阳神金字塔的体积要大过吉萨的胡夫金字塔，据估算，它用了 100 万吨的黏土砖和石料。两座金字塔外沿原本都抹上了硬灰浆，色彩一定是饱满而鲜明的（从残留的痕迹还可以看出）。太阳神金字塔塔顶曾有一座金银铸成的神像。西班牙占领时期，弗朗西斯派修道士于安·德·祖玛拉戈——墨西哥第一任大主教，叫人熔掉了这座巨型神像。看来黄金要比神更重要。

冥街上有许多不同的金字塔遗址、平台和装饰繁复的浮雕，图案多是羽蛇，还有猴子、美洲豹和手里拿着不知何物或是背上长着翅膀的祭司。

特奥蒂瓦坎的第三座建筑是带魁扎尔科亚特尔神神庙的城堡。说是"城堡"又不免有些荒唐，因为人们会理解成"要塞"的意思。其实，特奥蒂瓦坎的城堡和要塞没有什么共同之处；就像印度神庙和法兰克福中心火车站一样不相干。当然了，这名字并不是建筑者起的。太阳神金

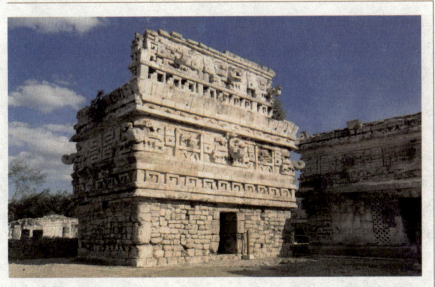

↑ 墨西哥古城

字塔、月亮神金字塔、城堡、魁扎尔科亚特尔神神庙——我们就这么叫，但是从来没有在意过建造者给他们的得意之作起了什么名字。

城堡的边长通常为枷米，北、南、西三边各有4座金字塔，如今只剩下一些残垣断壁了。魁扎尔科亚特尔神庙有石雕花纹装饰：羽蛇蜿蜒在曲状花纹中；楼梯墙壁和浮雕上狰狞的魔鬼面具死死地盯着你；神庙墙角趴着巨型羽蛇，头上发光，脸像喷火龙。古代中国也有这样的图案，诸神骑着火龙从天而降，并且也是在墙角。

今天，在刺眼的阳光下，呈现出白——灰——褐三角，从前的色彩一定像彩虹般绚丽。每个神都拥有自己的颜色，浮雕不仅仅是装饰，还有着特别的宗教意义。

魁扎尔科亚特尔神庙的装饰花纹表明，在阿兹特克时期和玛雅时期之前就有这种飞翔的蛇神形象了。

街道旁边的神庙平台和金字塔后的一些建筑群，今天我们认为那里是住宅区，出土的30多间房屋构成完整的住宅区，还包括小型神庙、礼拜堂和完备的下水管道。整个城市被划为若干个手工业区：这角是制陶作坊，那角是石雕作坊，第三角是纺织作坊。笔直的马路贯穿全城，垂直交叉。特奥蒂瓦坎就是中美洲的纽约城！

几年前，考古学家在山城和山顶周围发现了一些岩石划痕，舒展的线条在特奥蒂瓦坎上空织成一张网络。有人曾于3月21日春分时从太阳金字塔塔顶向西眺望，太阳毫厘不差地在一块标有记号的石头下坠入地平线。在以西14千米处的塞罗奇科瑙特拉，也见到过类似的划痕记号；35千米以外也有。

一扇门很有名，它通向大金字塔下面，那里面有4间房子，人们叫它"神洞"。考古学家猜测：整个建筑就是建在神洞之上的，神洞代表地狱的入口和中美洲的中心。朝圣者、商人和殖民地开拓者络绎不绝来此朝拜。

考古学家在特奥蒂瓦坎冥街上的太阳神金字塔不远处发现了一处地窖，游人禁止入内。这是一个真正的谜，专业人士也无法解释。一层厚厚的云母层将许多房间隔开，奥妙到底在什么地方？

看一看地窖的窖顶：先是一层石头，然后是 15 厘米厚的云母层，最后又是一层石头，很像一个大三明治。

看门人打开地面的铁盖，一瞬间，阳光射进洞口，强烈的光束为云母所反射。目前已发现了 30 米厚的云母层。云母为一种水合铝钾化合物，常见于高山地区的花岗岩附近。世界上的云母产地集中在印度、马达加斯加、南非、巴西和洛基山，瑞士和蒂罗尔（奥地利）的阿尔卑斯山区也有少量出产。中美洲多火山岩，今日墨西哥需进口花岗岩。云母所具有的特征使它在世界上不可取代，它抗拉强，可伸缩，耐 800℃ 高温，温度的剧烈骤变不会使它走样。它还抗一切动植物和微生物腐烂后形成的有机酸，同时也是一种绝佳的电子绝缘体。它抗电弧、漏电和放电，还可以像翻书一样翻开云母屋。薄薄的云母层透明、耐热，因此被装在高炉的窗子上。在电子技术中，云母被广泛利用在电子管、变压材料和雷达技术中。云母还因其特性进入计算机领域，用作电子绝缘器。质量较差的云母磨成粉末，刮成鳞片，用作电熨斗、烤面包机或是洗衣机的主要绝缘材料。

可是，特奥蒂瓦坎房顶上的云母是从哪儿来的呢？用途又是什么？一个考古学家朋友认为，云母在阳光下熠熠生辉，因此当做太阳反射器用。

屋顶上的云母像三明治，根本接触不到阳光。就算要把整个屋顶铺满云母，用以大量反射阳光，薄薄的一层就够了，15 厘米厚未免太多了。

↑ 墨西哥古城风景

　　没有什么巧妙的解释方法，只能动用我们的理解和想象，以期找到贴近的答案。神洞的屋顶与外隔绝，是不是因为其中装有敏感的设备？是防电（闪电），还是抗酸、抗高温？如果开始靠题了，新的问题也随之出现了。那就是石器时代的建造者是从哪里知道云母的多种性能的？特奥蒂瓦坎人在干活的时候既不使用危险的酸和电，也不会经历高温。地质学家确认特奥蒂瓦坎地下的人工云母层为莫斯科云母，我们的祖先把它称作"来自莫斯科的玻璃"。

　　肯定有人知道从哪里可以进口这些云母，对其质量也了如指掌，石器时代的建造者未见得能担此重任。

　　1974 年，国际美洲人大会在墨西哥召开，一位名叫休·哈列斯顿的报告颇具争议。他在特奥蒂瓦坎寻找到一个适用于所有建筑的测量单位，为 1.059 米。这是特奥蒂瓦坎的长度单位，适用于城市所有的建筑和街道。例如，魁扎尔科亚特尔神金字塔、太阳神金字塔和月亮神金字塔分别高 21 米、42 米、63 米，比例为 1：2：3。这可是哈列斯顿先生用计算机计算出来的，让人简直没有办法怀疑。城堡背后流淌着一条小溪，是特奥蒂瓦坎建造者挖掘的运河，穿过冥街，长 288 米，正好是火星和木星之间小行星带的距离。小溪里有多少块石头，小行星带中就有多少颗星星。

距离城堡中轴线 520 米处有一座无名神庙的废墟，这相当于和木星的距离。再走 945 米又是一座神庙，只能依稀辨认出轮廓，是土星。最后再走 1845 米，便到了冥街的尽头——月亮金字塔的中心，恰恰是天王星的轨道数据。

如果直线沿冥街，就到了塞罗戈多山山顶，那里同样有一座小神庙和一座塔的遗址，地基仍在，周长分别是 2880 米和 3780 米，是海王星和冥王星的平均距离。

由此，特奥蒂瓦坎的冥街便构成一幅迷你太阳系模型。值得注意的是，太阳神金字塔不在此系统之内——它不在中轴线上，而是在林荫大道边。

后面的小山也包括在内，特奥蒂瓦坎的设计者肯定自冥街建造之初就将太阳系模型考虑进去了。然而他们的行星平均距离轨道数据是从何而来的呢？1781 年才发现天王星，1845 年发现海王星，小家伙儿冥王星发现更晚，是 1930 年。莫非全能者为后世留下了什么标志？注意，我没有说是外星人建造了特奥蒂瓦坎，这事他们可没沾手。也许是全能者为后来的建筑师在地下画了一个太阳系模型，让他们在准确的位置上建造一处房屋，那就是反映未来的信息。

神秘的佩特拉城

佩特拉的地理位置极其神秘。它隐没于死海和阿克巴湾（今天的约旦国境内）之间的山峡中。而它并不完全是一个消失了的城市，历史学家们还清楚地记得它的存在。在公元二三世纪罗马帝国全盛时期，佩特拉曾一度是罗马东部省城的佼佼者，然而后来却长期衰落。

通往佩特拉的必经之路是一个叫西克的山峡，深约61米。这条天然通道蜿蜒深入，直达山腰的岩石要塞。这就是加保—哈朗（《圣经》中称为荷尔）的要塞。

西克山峡漆黑一片，回声荡荡，可是一转过这令人毛骨悚然的山峡，则是另一番景观，世上最令人惊叹的建筑就呈现在眼前：高40米，宽30米的雄伟的石柱，装点着比真人还大的塑像，整座建筑完全由坚固的岩石雕凿成形。

这座建筑名叫卡兹尼，它最引人注目的特征是其色彩。由于整座建筑雕琢在沙石壁里，阳光照耀下粉色、红色、橘色和深红色层次生动分明，衬着黄、白、紫三色条纹，沙石壁闪闪烁烁，神奇无比。

过了卡兹尼，西克峡豁然开阔，伸向约1.6千米宽的大峡谷。

这峡谷中有一座隐没于此的城市，悬崖绝壁环抱，形成它的天然城墙；壁上 2 处断口，形成这狭窄山谷中进出谷区的天然通道。四周的山壁上雕琢着更多的建筑物。有些简陋，还不及方形小室大，几乎仅能算洞穴；有些大而精致的台梯，塑像，堂皇的入口，多层柱式前廊，所有这一切都雕筑在红色和粉色的岩壁里。这些建筑群是已消失的纳巴泰民族的墓地和寺庙。

纳巴泰人是阿拉伯游牧民族，约在公元前 6 世纪从阿拉伯半岛北移进入该地区（现约旦和叙利亚南部境内）。佩特拉位于亚洲和阿拉伯去欧洲的主要商道附近，公元前 4 世纪，来自世界各地的商人们都要押运着骆驼队经过佩特拉门前。纳巴泰人充分利用了该地的这一地理特点，大获其利。公元前 3 世纪，佩特拉成为了纳巴泰人的首都；公元前 2 世纪，纳巴泰达到了全盛时期。版图最大时，王国由大马士革一直延伸到红海地区。从某种程度上讲，它的影响已经超越疆界，广泛传播且影响久远。纳巴泰人的文字早已进化成了当代阿拉伯文字，在当今大部分阿拉伯世界中广泛使用。

公元前 80 年至公元前 65 年，国王阿尔塔斯三世统治时期，纳巴泰人铸造了自己的钱币，建造了希腊式的圆形剧场，佩特拉城蜚声于古代世界。公元 1 世纪，罗马人控制了佩特拉周围的地区；公元 106 年，罗马人夺取了佩特拉。城市及周边地带成了罗马帝国的一个省，称作"阿拉伯人佩特拉区"。它成为罗马帝国最繁荣的一个省，几年中创造的经济效益占罗马帝国经济生产收入的 1/4。

公元 4 世纪，佩特拉沦为拜占庭（或称东罗马帝国）的一部分。在这期间，它成为一座基督教城市，是拜占庭（或称东正教）大主教的居住地。公元 7 世纪，伊斯兰教在阿拉伯地区东山再起，迅速波及西亚和北非地带。伊斯兰帝国日趋强大，最终控制了从西班牙到阿富汗的广大地区，阿拉伯人佩特拉区又成了伊斯兰帝国的一个小省。此时的佩特拉几乎处于被遗弃的境地。几个世纪后，为了争夺近东控制权，伊斯兰势力与欧洲基督教各国间战争不断。佩特拉这座石城在十字军东征期间再次兴旺起来。

欧洲十字军在该地建立起短命王国，把佩特拉作为他们的一个要塞，一直坚守到1189年。直到现在，在曾经一度荣耀过的纳巴泰人的佩特拉废墟中，城堡的残骸还依稀可辨。

公元12世纪后，佩特拉再次被遗弃。从此，佩特拉便失去了昔日车水马龙的繁华，人们也渐渐忘记了它的存在，它成为飞禽野兽的栖息地，在峡谷中寂寞地悉数着曾有过的辉煌。

佩特拉城的兴衰历史在所有遗存的古城中应该是最为清楚的了。然而，这反而使导致它几度兴衰的原因变得更加令人费解。谜题依然存在，而我们只能等待考古学家通过进一步的研究和发现得出较为准确的答案。

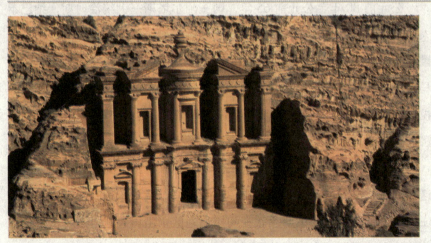

↑ 佩特拉城遗迹

神奇的卡纳克石阵

巨石古迹遍布欧洲各地，由南边的意大利伸展至北方的斯堪的纳维亚，还包括不列颠群岛。不过规模最大的是位于法国西部布列塔尼的松林和石南荒原中的卡纳克。这里的石块不仅比欧洲其他地方多，而且分布范围也大，约有 8 千米长。这些石块究为何人所竖，至今所知甚少，但他们必定精通技术，可动用众多人力，而且是按预先构思好的计划进行的。

卡纳克石阵主要由三组巨石组成：勒梅尼克、克马里奥和克勒斯冈，全在卡纳克北部。勒梅尼克共有 1099 块石头，排成 11 行，占地约长 1 千米，宽 100 千米。其东面是克马里奥，共 10 行，延伸 1.2 千米。再往东是克勒斯冈，几乎排成正方形，共 13 短行，540 块巨石，末端是个由 39 块巨石围成的半圆。另外还有第四组位于小勒梅尼克，是最小的，仅有 100 块石头。各组的排列大致相同，全部沿东西方向分行排列，各行间的距离不同，接近外缘即南北边缘的行距较密。每一行越接近东端，石块便越高，而且排得越密。偶尔有些石块并不排成直线，而是排成平行曲线。巨石的高度也参差不齐：最矮的在勒梅尼克西端，约高 0.9 米；最高的在克里马奥，高达 7 米。

卡纳克现存的 3000 块巨石，可能只有原来的半数。有些已风化，更多地被当地农民和业余考古者拿走。地震，尤其是 1722 年的大地震，使许多石块倒下跌碎，便更易被人拿走了。

各组石块是公元前 3500 年至公元前 1500 年间的不同时期竖立的，约与英国的巨石阵和埃及的金字塔同期。虽然卡纳克的"建筑师"是谁及用什么方法建造仍是个谜，但地质学家大致同意部分巨石的竖立年份早于轮子在欧洲出现的日子（使用轮子最早约为公元前 1000 年，但也可能更早）。石块采用当地的花岗岩，将石块拖至卡纳克，然后竖在预定位置。由于最高的石块可能重逾 350 吨，这项工程估计使用了许多人力。按当时男性的平均寿命为 36 岁，女性 30 岁计算，应该没有一个在工程开始时参加的人能活至整项工程完成。

巨石砌成的大道和圆环并不是卡纳克唯一的史前古迹，亦不是最早的。在这里还发现了一些土丘，至少有两个建于公元前 4000 年。克里马奥巨石行列的方向，正指着一个长满青草的墓丘上一块竖立的石块，这块石头就是通往卡加度墓丘的入口标记。墓内一条以石块铺砌的甬道通往一个方形石室，这里葬着一代代的当地人。这座墓丘建于公元前 4700 年，入口朝向冬至日出的方向，是欧洲现存最古老的。

许多世纪以来，这些土丘，特别是卡纳克的石块吸引了无数游客，不少人试图解释这些巨石的用途。19 世纪法国作家福楼拜就说过："关于卡纳克的垃圾文章真不少，比那里的石块还要多。"在纭纭说法中，最流行的是说卡纳克本为一宗教中心，那些石块受占列塔尼人膜拜，很久以后，罗马人"接收"了这些石块，在上面刻上他们神祇的名字。至基督教传入后，又在上面刻上十字架和其他的基督教标识。不过当地民间的传说则说这些石块是罗马士兵变的，因为这些士兵把当地圣人前教皇科尼利逐出罗马并赶回他的老家布列塔尼。

有一种说法（在中世纪十分流行）认为，这些石块能提高妇女生育力。不孕妇女只要连续数夜睡在石桌上（以扁平巨石搁于数块巨石上构成），并在身体涂

↑　神奇的卡纳克石阵

上蜡、油和蜂蜜；或者只要掀起裙子，蹲在石上，或从石上滑下以吸收石头的魔力，即可获得生命力。许多人相信这些石块代表他们祖先的灵魂。又有些人认为这些石块只是留在地上的标记，是专为参加宗教仪式的人而设的，在仪式中祭司会为作物和牲畜祈福。不过这些石块会不会是墓碑呢？因为卡纳克在布列塔尼语中意为"坟场"。

较近的一种观点认为这些石块有特别用途。汤姆博士研究过卡纳克和其他巨石古迹后，得出结论认为竖立这一排排巨石的人，具有很先进的天文知识，想借此研究天体的运行，包括太阳和其他行星，尤其是月球的运行，或许以此作为巨大的天文钟，以便推算耕种的时间。

据汤姆博士说，有这观月天文台中，最重要的石块是位于洛马力奎的那块碎裂的仙人石。利用这块石头作为标记，可从13千米外的土丘和石块上观看月亮升落。

要确切说出卡纳克的巨石有何用途，也许永不可能，但它对游客的吸引力丝毫不减。虽然许多石块上长满苔衣，许多石块已经消失，但通过卡纳克仍是了解欧洲大陆古文明的一个重要环节。

神秘的玛雅纪年石柱

在尤卡坦或危地马拉的热带丛林里残存着的玛雅遗址中，我们经常可以看到有大小、高矮不一的巨型石柱，雕刻精细，上面涂抹着鲜艳的色彩和美丽的图案，宏伟庄严而又神秘莫测，诉说着岁月的沧桑。这些石柱数量之多、规模之大、放置位置之重要，令人费解：玛雅人为什么要煞费苦心、消耗大量的人力物力来建造这么多根石柱呢？它们究竟蕴藏着什么秘密？

原来，玛雅是一个重视历史的民族，他们为了记载当时所发生的大事，每隔20年，都要在他们的城镇里立一块石碑或一根石柱，把所发生的事情原原本本、仔仔细细地都刻在上面。这就是闻名世界的玛雅纪年石柱。这些纪年柱是研究玛雅文化的珍贵的历史资料，可以说，正是有了这些石柱，玛雅文化才成为美洲古代历史上唯一有年代可考的文化。

玛雅纪年石柱，大多是一块长方形的巨石，上部凿成椭圆形，在它一面的正中，刻出人物故事，并在其上侧、两侧或下端刻出作为铭记的象形文字。至今发现的这类石碑与石柱已有数百块(根)，在帕伦克、科潘、蒂卡尔等城市遗址中都有发现。科潘发现的36根石柱中，高低大小不一，每根石柱都是用一块整石雕凿而成；石柱正面有祭司雕像，造型逼真，与人体比例协调；石柱的背面和侧面刻有记载重要事件的象形文字，每个文字的周围雕有花纹，图文并茂。在玛雅中部地区的卡拉克穆尔（今墨西哥）发现石柱 103 根，但其中的 1/4 没有文字记载。

现在已知最早的一块玛雅碑，是在危地马拉境内的蒂卡尔发现的。这块碑被美洲考古学家命名为"Stela29"，碑高 0.8 米，正面刻着一位年轻的王子。它的纪年相当于公元 292 年 7 月 6 日。最后一根刻有年代的石碑是玛雅人在尤卡坦半岛南端的图罗姆城邦于公元 1516 年竖立的。由此可知，玛雅不仅是古代美洲唯一的有纪年历史的奴隶制国家，而且玛雅人立柱记事的传统也保存了长达 1200 多年之久。

如已被破译的玛雅文字危地马拉玛雅蒂卡尔神庙石柱，立于 468 年 6 月 20 日，恰好是玛雅日历的第 13 年。石柱上的文字主要叙述了蒂卡尔城第 12 代统治者坎阿克和他家属的一些事迹。石柱上的文字还告诉我们西阿恩·查阿恩·卡韦尔于公元 411 年 11 月 27 日成为蒂卡尔的统治者，他于 456 年 2 月 19 日死去，并在 458 年 8 月 9 日安葬。蒂卡尔城是由一位叫雅克斯·摩克少克的玛雅人所建，他是坎阿克的祖先。经过 100 多年的统治，坎阿克家族把蒂卡尔城变成了当时最为辉煌的城市。

望着这些屹立千余年的纪年柱，不由得使我们联想到玛雅遗址上众多气势磅礴的石造宫殿、金字塔、庙坛、观星台。如今，大多只剩下残垣断壁，需要人们靠想象去修复它们原来的壮观和华美。但是，这种普遍的对石建筑的热衷似乎表达了一种对永恒的追求。

现代玛雅人中，社会较高阶层的人住石房子，较低阶层的人住草木屋。在草木丛生的热带雨林中，也许石头的无生命性就与无法摆脱枯荣兴替的草木成了对比，为人类记录自我的愿望提供了更为理想的材料。

考古学家推测，玛雅人最初是用木料或其他植物材料记录文字的，

↑ 玛雅石柱

他们的根据就是目前发现的石碑。其中年代较早的一块发现于乌瓦夏克吞，石碑背面刻有代表玛雅日期 8.14.10.13.15（公元 328 年）的象形文字。玛雅人用石碑记事一般是 20 年 1 次（有时也有 5 年或 10 年 1 次），直到最后一块纪年碑为止，这一传统始终不变。但是，考古学家们发现，在最早的石碑上所记录的文字已经自成系统，发展得相当成熟，而没有文字过渡时期的痕迹。从记录年代的数字符号体系来说，也已经发展成为一种完全形式化的、精致的工具，没有发现尝试性的偏差和错误。

　　某些较具有科学幻想小说倾向的现代人头脑里，不由地产生了外星人传授文字的念头，但这毕竟不能当做令人满意的答案。于是，考古学家们推测玛雅文明的形成时期可追溯至公元前，其精美的历法、文字的发展，经历了一个没有留下记录的时期。在这个时期里充当记录材料的可能是木制的或其他易腐蚀的物品。当他们的天文学、数学知识达到组织一套复杂的历法体系的时候，当他们的文字也逐渐定型之后，他们逐渐发现了更能保存下去的材料——石料。并且，开始以极大热情留下尽可能高大的石块、尽可能深刻的雕琢。

　　在这些石块堆中间，有许多观星台高耸入云是为了高过周围的大树，望见遥远的地平线，有许多祭坛和宫殿只是为了显示威仪和奢华；然而，也有许多庙宇、石柱、金字塔是为体现玛雅人祖先关于春分和秋分的知识，有许多石碑是为记录社会大事之用……不管怎样，这些还只是科学界的猜测，玛雅文明的真相到底如何，仍旧是一个谜团。

↑　玛雅神庙石柱

帕特农神庙之谜

　　雅典是欧洲文明的摇篮,经过一次次文化的洗礼及无数战争的劫掠,唯有卫城留下的断壁残垣和帕特农神庙的巍峨廊柱,还展示着古希腊的千古风范。雅典位于希腊半岛东南的阿提卡半岛上,依山傍海。全境多山,山岭将半岛分割成三个相邻的小平原,阿提卡平原居其中,沿海有曲折的海岸线和优良的港湾。公元前 1600 年前后,爱奥尼亚人就来到阿提卡,与当地皮拉斯基人混居。在雅典卫城内发现的宫殿遗址证明,阿提卡早在迈锡尼文明时期就已经有国家出现,但后来随着迈锡尼文明的崩溃而消失。公元前 12 世纪,多利亚人大规模南侵,但并未进入阿提卡,因而这里犹如一个"安全岛",迁入大批从其他迈锡尼文明中心逃难过来的移民。相传,雅典城邦国家就是那位曾经杀死米诺陶洛斯的英雄提修斯在统一各部落的基础上建立的。至于卫城,是雅典远古御敌的城堡,坐落于希腊首都雅典市中心海拔 152 米的阿克罗波科斯山顶上,相对高度 70 ~ 80 米,顶部比较平坦,东西长 280 米,南北宽 130 米。自公元前 1200 年成为要塞后,雅典就以它为中心向外扩展。公元前 5 世纪,为了纪念反波斯入侵战争的胜利,希腊领主大肆美化卫城,兴建一系列纪念性的建筑物,帕特农神庙便是其主建筑。

↑ 帕特农神庙

　　帕特农神庙是如何兴建起来的呢？公元前 6 世纪末～前 4 世纪初，一般被称为希腊史的古典时代，这一时期最重大的历史事件是波希战争以希腊的辉煌胜利而结束。战后的雅典步入全盛时期，成为希腊世界的中心，这时期雅典众望所归的政治领袖是伯里克利。伯里克利时代雅典经济发达，学者云集，文化昌盛，被誉为雅典的"黄金时代"。这为雅典公民的主观能动性和聪明才智提供尽情发挥的可能，使雅典在政治、经济和思想文化方面成为全希腊的学校和样板，产生并吸引了大批杰出的政治家、哲学家、诗人、戏剧家、历史学家、美术家、演说家等，几乎所有文化都同时繁荣了起来。

　　伯里克利也大肆兴建卫城，卫城雄踞于陡峭的山巅，全部用白色大理石砌成，而被誉为"雅典王冠"的帕特农神庙巍立于卫城中心，于公元前 432 年落成于三级基座上，其外部由 46 根高 10.4 米、直径 1.9 米的洁白大理石柱环成一个长方形回廊，全庙一砖一石都是宝物，里面供奉着雅典城市的保护神雅典娜——用黄金、象牙雕刻而成的雅典娜塑像，象征着雅典的胜利和权威。帕特农神庙代表了希腊古典建筑艺术的最高水准，外形雄伟壮观，内部雕饰精美，可惜它没能保存下来，甚至连谁是破坏者和窃贼，至今也没有定论。

帕特农神庙的衰败应始于公元前 404 年。那一年雅典被希腊的另一个城邦斯巴达打败，国势日衰，公元前 338 年又落入马其顿王国之手。马其顿统治以后日渐被希腊同化，但也被罗马帝国所征服，西罗马灭亡后，奥斯曼土耳其帝国统治了希腊这块区域。希腊前前后后经历了 2000 多年的沦亡史。卫城及其建筑也在此期间遭受到毁灭性的厄运，每次战争都成为主要的攻击目标，能夺则夺之，不能得则毁之，再加上几次大地震和火灾，帕特农越来越破败。这些应该都是帕特农神庙如今只剩断壁残垣的原因，尽管如此，帕特农依然是雅典人心目中永远的圣殿。

古罗马圆形竞技场建筑之谜

中世纪有位英国诗人贝达，他曾经说过："圆形竞技场崩溃时，就是罗马灭亡之时。"这里的圆形竞技场就是指罗马的科洛塞穆竞技场，它以其独特的建筑风格被称为"古代世界最为宏伟的高超建筑"，罗马人更是以其作为帝国精神的象征，扬言"科洛塞穆永不倒"。"科洛塞穆"竞技场究竟是什么样子的建筑？它真的永不倒吗？科洛塞穆竞技场位于罗马古城区的威尼斯广场南面，是罗马帝国时期的皇帝维斯巴夏在位时修建的，始建于公元 72 年，历经 8 年后，由其子提图斯完成的。这个竞技场是古罗马建筑风格的典型代表，以其庞大、兼顾、实用和精美而闻名于世，即使经过了 1900 年的风风雨雨后仍然令人憧憬。

在拉丁语中，"科洛塞穆"的意思是"巨大的"，因此人们又称为大角斗场或者圆形大剧场。其实，它的主要用途是角斗表演，准确地说，它是一个多功能的体育场。然而，不可思议的是，它的牢固耐用的内部构造、精美宏伟的外部设计，即使在现代化的今天，用先进科技建筑的体育馆都难以与之相媲美。

这座古代世界规模最大的竞技场，总占地面积达到 20000 平方米。观众席可容纳 50000 人，共分 4 层 4 区、60 排，每层以 62% 的坡度向

↑ 罗马圆形竞技场

上升起，全部用大理石装饰。座位最前面是贵宾席，中间是骑士席，后面的是平民席。因为分有 4 个区，各区的观众对号入座，所以并不会发生纷乱的现象。第 4 层开有 4 个门，西北门为正门，西南侧和东北侧为皇室家族专用席，里面设有柱子，用来挂遮阳棚。最高处还有一圈柱廊，供卫士和管理棚顶的人员休息。竞技场全用砖石、水泥来修筑，底下两层是用巨型石柱和石墙，可承担巨大的压力，拱顶用水泥和砖，牢固耐磨，上面 2 层全是用水泥，外表再用华石进行装饰。重量自下而上逐渐减轻，下层最牢固，但上层也很坚实。所以罗马人会有"科洛塞穆永不倒"的谚语。

竞技场的中心是表演区，场地呈现椭圆形，奴隶们在此表演角斗或者用来斗兽，以娱观众。因为表演区地势很低，距离最前排的贵宾席还低 5 米，所以可以灌满水用来表演舟船海战。恐怕现在的体育馆也很少有这样多功能的表演区。

不要以为表演区是竞技场最底层，像大渡轮一样，在表演区下面还有地下室，大约有 80 个房间，设施齐全，上面有厚实的木板，下面有排水的管道。房间分别为乐队室、道具室、角斗士医务室、兽栏等。

考古学家研究指出，古罗马大圆形竞技场的设计跟现代舞台一样完备、成熟。它有一套包含踏板、活盖、杠杆等的复杂的机械系统，用来把野兽运送到舞台上。在拥有 55000 个座位的大剧场下，全部由滑轮和绳索操控，连接通道，打开大门，把兽笼从地下室升运到舞台的地板上。这个系统由经过训练的奴隶操作，他们驯养野兽，并随时有被野兽吃掉的危险。

竞技场的地下室 1812 年就被发现了，但是由于当时水位太高，就又被淹盖了，至今仍未被完全弄清楚。

通过测量、考察地下室地板、墙壁的洞穴、木梯、杠杆、兽笼，并且对照当时"野兽魔术般从地下出现"的纪录，考古学家已经知道这套机械装置是怎样运行的了。

在庄严的大剧场的下面，是角斗士居住的地下室和武器、道具的储藏室，所有的这些都通过一个由滑轮、杠杆、兽笼、角斗士组成的通道系统联系起来。通过杠杆的牵引，他们可以向舞台运送舞台背景、仿造的森林或城堡。最重要的是运送被关在地下室笼子里的野兽。野兽从那里被升到第 2 层，然后兽笼打开，野兽通过一个斜面到达舞台。竞技场上照明良好，但地下则不同，那里非常阴暗，只有几支蜡烛或油灯照明通道。

最先被用来演出的是犀牛和公牛，但是它们很快就被那些带有异国情调的野兽取代了，骆驼、斑马、老虎、狮子、豹从世界各地被运送到古罗马。

虐待是大斗兽场惯用的手段。野兽们被挨饿、往伤口撒盐、被投以稻草人激起它们疯狂的争斗，然后再被释放出来。

这么一个庞大的竞技场，50000 观众蜂拥而至的时候，罗马人是怎样保证入场的秩序的？观众是如何入座的呢？罗马史书中有这样的记载："皇帝和他的全家坐在光彩夺目的包厢里；元老和骑士各自有特别的座位，他们穿着特殊的紫色镶边的礼服；战士和市民分开就座。如果平民要坐在底部两排重要的位置上的话，那他就得穿上庄重的白羊毛制作成的宽外袍，这是公民合乎礼仪的衣服。已婚男人和单身汉分开就座。男孩子们单独坐在一个区域，他们的老师紧靠着他们坐在邻近的位子上。

"妇女们、穿灰褐色衣服的贫民和穿丧服、戴孝的人只能坐或者站在竞技场的顶层。神父和修女们坐在靠前面的位置。衣着的不同和行列的隔离，强调了在这个正式场合礼仪的成分，正如严格的排列座次反映了严峻的罗马社会阶级差别一样———你应该坐在哪个位置上，在哪个位置上就一定能看到你。"

科洛塞穆竞技场的宏伟壮观，使它在日后的古典建筑中备受青睐。它的外部共分 4 层，除最上一层保持开有小窗的墙面外，其余各层都开以拱门，每层 80 拱，3 层共有 240 拱之多，远看气势宏伟，近看则拱门叠错，虚实相间，而每个拱门两边用古典柱子夹插并立所形成的柱式——拱门联合结构，则将建筑的力度与美感结合起来，相得益彰。当时，罗马建筑已经充分的运用希腊古典柱式的技巧竞技场的第 1 层拱门用质朴结实的多利亚柱式，第 2 层拱门用秀美的爱奥尼亚柱式，第 3 层采用华丽的科林斯柱式，第 4 层墙面则用了罗马人偏爱的方倚柱。这样由低到高，由坚实到轻巧富丽，建筑本身的功能和装饰的节奏便得到了极好的配合。而且，第 4 层的墙端立柱虽起支撑遮阳棚的作用，更主要的是增加建筑外观的美感，使建筑整体虚实相间的配合显得更有神韵。

建筑史学家认为，以层层柱式分割建筑立面的做法，具有独特的妙处：建筑经分割而显得秀巧，它可使人在庞然大物般的建筑面前感到亲切而悠然自得，从而表现出古典的人本主义精神。

面对如此巨大的建筑，任何人都可能感到气馁，感到人的微不足道。罗马的建筑师在构思竞技场的时候也想到了这一点。

他们一方面让罗马市民欣赏到了他们创造的宏伟，同时又要避免人们跟庞然大物相比产生的渺小感：当人们只同圆柱和框橼构成的单个矩形拱门相比时，人就显得大多了！而且这样，罗马公民还能感到他自身是竞技场所代表的巨大帝国的一个有意义的组成部分，反而会产生一种自豪感呢！

自此以后，柱式和拱门结合以分割或组织建筑立面的艺术，成为古典建筑传统中极为重要的一部分。文艺复兴以来，西方各国的艺术家、建筑家总是在科洛塞穆的废墟中流连忘返，也许这座建筑的特殊艺术构思确实能给人以无限的启发和灵感。

土耳其爱烈巴坦神殿之谜

居住在土耳其爱烈巴坦宫殿一带的居民，大都是虔诚的穆斯林。自古以来，他们世世代代都严格遵循着一条古训，那就是千万不要踏进爱烈巴坦宫殿。这里的每一个小孩从懂事起，都要反复接受这样的警告：爱烈巴坦宫殿是神殿，神在那里关着恶魔，一旦走进去，必定恶魔缠身，灾难从天而降，再也别想出来。

其实，这个宫殿尽管在村民的心里如此神圣不可侵犯，但里面好像并不平静。每当村民们实在有事不得不从它附近远远绕道而行时，总能听到里面有一种奇怪的哗哗响声，仔细听去，这响声似乎很有规律，像大水奔涌，又像石头撞击。据当地人传说，这一带过去也先后有过几个好奇而又胆大的青年，多次被里面的响声所吸引，想冒死闯进宫殿去看个究竟。但是后来一想起祖先的严厉诫训，再加上全村老少的苦苦哀劝，便一次又一次望而却步。以至于祖祖辈辈居住在这里的村民，竟没有一个敢走进这个神殿。

爱尔沙和杜拉是一对在此地出生的十九岁的恋人，当然，伴随着他们长大的同样是祖辈们的千叮万嘱。但他们毕竟接受了现代科学教育，再加上年轻人初生牛犊不怕虎的血气方刚，在 1920 年的一天，两人相约决心去看一下那个神奇的宫殿到底有什么。当走到离宫殿还有将近一千米远时，就听到里面的哗哗响声。他们手拉手推开了略显沉重的大门，只见空旷宏伟的大殿里显得有点阴森，黑乎乎的地面上是深不见底的水。当他们站在大门口，正在犹豫是该迈进去，还是该赶快逃走之时，奇迹出现了，只听见伴随着巨大的响声，大殿里的水很快退下。惊魂未定的杜拉鼓足了最大的勇气，拉着爱尔沙走进宫殿。要不是脚下又湿又滑，眼前神殿里的一

↑ 水晶之宫

切简直都使人觉得恍若隔世，大殿里拱形的天顶上，是一幅幅精美的壁画，抬头望去，张开双翅的天使似乎欲飞而下。长列成排的大理石石柱，就连拱门都雕着大朵大朵的玫瑰花……爱尔沙他们又惊又喜地站在那里看了一会，就急忙跑了出来。很快，这对恋人的奇遇，像长了翅膀一样迅速地向外传开，并引来了考古学家前来此地。

1921 年，以美国人迈尔斯为队长的考古队，首先对爱烈巴坦宫殿的外围进行了初步测量。宫殿外部长 140 米，宽 70 米。紧接着，他们就开始探讨大殿内水涨水落的现象。经两天两夜的仔细观察，他们发现宫殿内的水不论涨落都十分有规律且时间非常准确。迈尔斯决定在宫殿的周围做试探性的发掘。不久，他们在宫殿正门一米深处的地下发现了一堆褐色的石头，这堆石头是干什么用的呢？突然，迈尔斯站起身来，对

着这堆碎石头干脆用脚狠狠踩了两下，猛然间奇迹再一次发生，只见宫殿里的水很快退下去了。两个小时后，水又自动升上来，迈尔斯再去踏那堆石头，水又再次退下去了。几次反复，他们终于推断，这堆石头底下是个控制宫殿内水流的起落机关。于是，他们赶快动手把石头弄走。底下露出一块非常光滑的石板，抬开石板，底下又露出一排用砖砌成的空心圆柱。这一次，连迈尔斯自己也有点不知所措了。有人提议跳下去，但更多的人主张不要贸然蛮干。最后他们决定一切恢复原状后继续观察。

又经过一周的观察，他们发现，只要不碰那堆碎石头，大殿里的水一昼夜涨落 6 次。一次水退走之后，迈尔斯等人快步走进大殿，发现整个大厅用 336 根高达 10 米的大理石廊柱支撑，三行并列的拱形门给人一种无限延伸、深远莫测的神秘感觉，拱门的两侧布满栩栩如生的雕刻。与此截然不同的是，他们在第一个拱门两侧石柱的柱座上，看到的竟是个面目丑陋呈倒立状的石像，其狰狞恐怖的目光令人胆战心惊。

后来，经有关专家分析，确认爱烈巴坦大殿建于 4 世纪前，为东罗马帝国建筑。经过对大殿门前的碎石头进行检测确认为磁铁石。对大殿里的水取样化验，确认这些水可以食用。但是，这并不能解开爱烈巴坦的秘密。这座金碧辉煌的大殿是干什么用的呢？它那神秘的水涨水落装置到底是什么人、利用什么原理设计的？那些磁铁石与底下的大石板、大石板与底下的圆柱到底是什么关系？另外，爱烈巴坦宫殿一带并没有输水管道，大殿里那种骤然之间涌起的水是从何而来？又快速地退到哪里去了？如果说这是当年罗马帝国用来装水用的，那么，它为何又安装退水装置呢？据说，土耳其政府准备对其进行大规模勘察。相信，总有一天，人们会揭开爱烈巴坦神殿它那神秘的面纱。

Part 2
神奇地带

诡异的百慕大三角

　　百慕大三角是世界闻名的神秘海域，它地处北美佛罗里达半岛东南部，具体是指由百慕大群岛、迈阿密（美国）和圣胡安（波多黎各）三点连线形成的一个三角地带。几百年来，这里频繁出现离奇的海难事故和其他一些神奇的事件。飞机会在此海域上空离奇地失踪。据有幸脱险的人员回忆：飞行员失踪时，往往海天混合成一片白色，飞机的仪器仪表完全失灵，但失踪飞机却连一块碎片都找不到。同样，路经此地的轮船，有时也会莫名其妙地失踪，也是活不见人，死不见尸，连船体及碎片、油迹都找不到。更令人奇怪的是，据传有幸在此海域出生的人聪明异常。百慕大三角神奇莫测，怪事连篇。它的威名和神秘令从事海洋或航空事业的人谈虎色变，以至于最有经验的海员或飞行员经过这里时，都无心欣赏那美丽如画的海上风光，而是战战兢兢，提心吊胆，唯恐碰上厄运，不明不白地命丧黄泉。人们把这个恐怖的海域称为"魔鬼三角"或"死亡三角"。

一、航船失踪

　　1609 年 7 月，"冒险海"号载着近 150 名男女移民，开往英国新占领的殖民地弗吉尼亚，该船船长兼远征指挥官是乔治·萨默斯。在"冒险海"号进入百慕大三角海域时，可怕的风暴一连咆哮数天。"冒险海"号被风暴掀得左右摇摆不停，船上的人们竭尽全力试图把灌进船舱里的海水排出来。可是，最后还是狂风恶浪占了上风，"冒险海"号不幸撞在百慕大群岛沿岸的暗礁上，搁了浅。乔治·萨默斯毫不犹豫地下令弃船，此船后来葬身海底。据船上遇难者的日记记载：在遇难前的一个宁静的夜晚，乔治·萨默斯站在甲板上，忽然发现上面射来一道很亮的闪光。他抬头一看，只见在主桅中有一个闪闪发光的火球。火球是移动的，它一闪一闪地一直上升到桅杆顶端，然后移到风桅上，之后，便像幽灵似的离开了这艘船。现在，人们认为萨默斯船长看到的火球可能是"球形闪电"，而真实谜底仍待解开。

1812年，美国邮轮"爱国者"号奉命把南卡罗来纳州的第一夫人西奥多西亚·伯恩·阿尔斯顿送往纽约去见她的父亲——在英国逗留了4年后返回美国的美国前副总统阿伦·伯恩。一切就绪之后，"爱国者"号在1812年12月31日起锚出发，开往百慕大三角海域。与西奥多西亚同行的有她丈夫的舅舅威廉·阿尔杰农·阿尔斯顿和她的医生。"爱国者"号邮轮出港时天空晴朗，风平浪静，一切都很顺利。可是，谁能想到这艘邮轮和船上的所有人一去就再也回不来了。西奥多西亚的父亲和丈夫组织了多次搜寻，都一无所获。邮轮不会受到暴风雨的袭击，因为在这5天中，天气一直晴朗；也不会遭遇海盗，因为要真是这样的话，总会有幸存者或某个参与其事的海盗在这之后透露出事件的真相。事实上却毫无音信，令人莫名其妙。

有人说，古代船舶在海上失事的事件不足为奇，何况当时科学技术水平有限，船上的仪器装备也比较落后，船舶难免发生事故，人们也无从寻求失事的原因。然而在现代，一些装有现代化仪器设备的船只，在百慕大三角海域突然失踪的事件也频频发生。

1963 年 2 月 2 日，美国"玛林·凯恩"号油船例行出航。这艘船上装配着现代化的导航仪器及先进的通信设备。在出航的第二天，船上的船员还向海港报告说："油船已正常地航行到北纬 26°40′、西经 73°的海面上。"然而谁也想不到，这却是"玛林·凯恩"号油船发出的最后一份报告。此后，这艘油船竟无声无息地失踪了，好像掉进了深洞里。事后派船去搜寻，海面上连一滴油也未见到。

二、飞机的坟场

如果仅是船舶常常在百慕大三角海区遭到不明原因的灭顶之灾，还不足以引起人们很大的震惊。令人恐惧的是，飞机在这个海区上空飞行时，也常常遭到莫名其妙的"飞来横祸"，这就给百慕大三角区又增添了一层让人感到神秘而恐怖的色彩。

飞机在百慕大三角区神秘失事的第一份记录，是 1945 年美国海军第 19 中队的 5 架"复仇者"强击机突然全部失踪的事件，其经过十分离奇。1945 年 12 月 5 日下午，美国海军第 19 飞行中队的 5 架 TBM "复仇者"强击机，从佛罗里达海军航空基地起飞，作预定的作战训练。按照训练计划，它们应向东飞行 120 千米，然后再折向西南，随后返回基地。飞机起飞时，万里无云，是非常好的飞行天气。14 人组成的机组，在蔚蓝色天空中翱翔至百慕大三角区。飞机飞到预定的高度后，电波传来了泰勒中尉清晰的声音："一切正常，发动机的声音很好，风速不大。"起飞一个多小时后，地面指挥人员突然意外地听到飞行员用短促的语气报告迷失了方向，所有通信导航设施全部失灵，接着飞机与地面的通信联络便中断了。幸好，控制中心还勉强听到了 5 架飞机彼此间联络的声音。

从飞行员那些惊慌的只言片语中，地面大致了解到所有机载导航仪表都失灵了，飞行员看不见太阳，无法判别方向。最后，地面人员隐约听到飞行员说"进入了白水，不要跟着我……它们好像是从外层空间来的"，"我们完全迷失了方向"等话。从此，那些飞机就杳无音信了。

事件发生后，基地派一架双引擎大型飞机"马金·马丽娜"号从巴哈马群岛海军航空基地紧急起飞。飞机上有13人，载有全套营救设备。令人恐怖的是，10分钟后，这架飞机遭到了与上述5架飞机同样的厄运，最后失踪了。美国海军司令部大为震惊，为了寻找这6架神秘失踪的飞机，进行了规模空前的救援，出动了"所罗门"号航空母舰、4艘轻型驱逐舰、7艘潜艇、18艘警备舰，几百条快艇和摩托艇、307架飞机，进行密集搜索，没有放过百慕大三角区到墨西哥湾的每一平方米海面。然而，未能发现丝毫有关遇难者的踪迹，哪怕是一块飞机碎片、漂浮油斑。20年后，有人在距出事地点3000千米之外的墨西哥西北部的索诺拉沙漠中发现了这5架飞机，它们完好无损，连油箱也是满满的，唯独缺少机组人员。他们上哪儿去了呢？科学家们大惑不解。

自从美国海军航空基地5架强击机在百慕大三角区的上空失事以

↑ 百慕大

后，飞机在这里就接连不断地发生意想不到的事故。在1948年12月27日夜间10点30分，一架DC-3型民航班机，从旧金山机场起飞，途中经过百慕大三角区上空时，

051

也神秘地失踪了，乘客无一生还。

飞机不断在百慕大三角区上空失踪，使这个海区更增加了恐怖和离奇的色彩。在这里失事的飞机，有的直到最后几分钟还同机场保持着正常的联系，它们几乎是在一瞬间消失的。有的飞机则在失事前发出了奇怪的报告，例如，仪表突然失灵、天空发黄、晴天起雾、海上变得异常等，可是谁也没来得及提供更为详细具体的情况，就渺无踪迹了。有人统计，从1840年到现在，飞机在百慕大三角区神秘失踪的事件有100余起。

三、百慕大三角之谜的探索

自从百慕大三角区成了神秘的区域之后，各国科学家以认真严肃的态度对这个海区进行了考察研究，并提出了种种理论予以解释。不少人认为，变幻无常的天气是该海区离奇事件的根源。高空强大的气流以及显著的风速差异所形成的强烈大气旋涡——晴空湍流，会造成局部的真空区，吸引周围的物体，使飞机突然罹难。晴空湍流出没无常，稍纵即逝，无法预测，因而飞机失事也突如其来。晴空湍流说看来言之有理，但它不能解释事后总找不到失事飞机的残骸，连油渍也无影无踪的现象。于是，有人提出了电磁激变理论，把飞机、航船的失事归咎于电磁激变引起的仪表突然失灵，认为仪表突然失灵会导致驾驶员不能辨认出方向，产生恐慌的心理，飞机和航船也就跟着失事了。但是，百慕大三角区不可能形成如此强大的自然磁场。而且，电磁激变也不致使飞机、航船"毁尸灭迹"，故而电磁激变说也难以成立。

1977年4月1日，法新社记者从墨西哥发出一则消息说，在百慕大三角IK900米深的海底下发现一座200米高的金字塔，并说这一海区可能存在着高度发达的古代文明。1979年，美、法科学家有了新的发现：

在这个海区发现了第二座金字塔，它高 200 米，底边长 30 米，塔尖与海面相距 100 米。塔身有两个巨洞，水流汹涌而过。有些科学家说，建造金字塔的原料可能是含铁的巨石，由于海浪冲击及地磁场的长期作用，金字塔被不断磁化，成了一块巨大的永久磁铁。当飞机、轮船经过这个海区时，仪表失常，而且可能会被吸入水底。

20 世纪 70 年代以来，人们利用先进技术对百慕大三角区进行了一系列大规模调查，发现该海域有许多旋涡，半径 200 千米至 400 千米，旋涡方向有顺（时针）有逆（时针），中心温度有冷有暖，中心海面有低有高，旋转速度从每秒几厘米至几十厘米，它们时隐时现，出没无常，"寿命"可达几个月。这就是所谓的"中尺度涡"。当海洋中出现顺时针方向旋转的中尺度涡时，由于科氏力的作用，海水将从四周向中心辐聚，使旋涡中心海面高于四周，形成高出海面几百米的巨大的移动性"水山"。这种突如其来的巨大水山，能吞噬所有航船。当海洋中出现逆时针方向旋转的中尺度涡时，海水将向四周辐射，使旋涡中心海面低于四周，形成一个巨大的凹面镜，将光线反射在主轴焦点上。一个半径为 500 千米的凹面镜，当太阳光入射角为 60°～70°时，其聚光点直径在 1 米左右，焦点处的温度可达几万摄氏度。不难设想，飞机一旦进入焦点附近上空，顷刻之间就会被烧成灰烬。凹面镜聚光需要光源，光源越强，聚光效果越好，焦点温度也越高。这就是为什么失踪飞机常发生在万里晴空、海平如镜、风力不大的时候，因为这些正是凹面镜反光、聚焦的良好条件。这种说法虽然更胜一筹，但还仅仅停留在理论计算上，海洋凹面镜的聚焦作用是否真能产生几万摄氏度的高温也还是一个谜。况且，失事的飞机、船只也未报告过有温度骤然升高的现象。因此，要真正揭开百慕大三角区的谜底，还有待进一步努力。

神秘的北半球纬度线

    沿地球北纬 30°线北行，既有许多奇妙的自然景观，又有许多独一无二的神秘现象，正是这些饱含着地球文明资讯的现象让世界各地的探险者长年处于极度兴奋的梦魇之中。

    从地理布局来看，这里既是地球山脉的最高峰——珠穆朗玛峰的所在地，又是海底最深处——西太平洋的马里亚纳海沟的藏身之所。世界几大河流，比如埃及的尼罗河、伊拉克的幼发拉底河、中国的长江、美国的密西西比河，均是在这一纬度线入海。在这一纬度上，山川怪异、奇观绝景比比皆是。仅中国就有举世闻名的钱塘江大潮、安徽的黄山、江西的庐山、四川的峨山及湖南的马第岭等。

    更加令人疑惑不解的是，这条纬线还是世界上许多著名的自然和人类文明之谜的所在地。比如，让人心惊胆战的"百慕大三角区"，成为生命禁地的死海，古怪斜立着的美国圣塔柯斯镇，恰好建在地球大陆重力中心的古埃及金字塔群，扑朔迷离的狮身人面像，神秘的北非撒哈拉沙漠，达西里的"火神火种"壁画，巴比伦的"空中花园"，传说中大西洲的沉没处，以及让无数个世纪的人叹为观止的远古玛雅文明遗址……如此众多的神秘之地和古代建筑会聚于此，不能不叫人感到异常

← 北半球纬度
线上的文明

的蹊跷和惊奇。

　　北纬30°线常常是飞机、轮船失事的地方，人们习惯上把这个区域叫做"死亡旋涡区"。除了魔鬼百慕大，还有日本本州西部、夏威夷到美国大陆之间的海域、地中海及葡萄牙海岸、阿富汗4个异常区。与北纬30°相对，在地球南纬30°上也同样有5个异常区。细心的人们在把这10个异常区在地球上一一标注以后，惊奇地发现它们在地球上几乎是等距离分布的。如果把这些异常区互相连接，整个地球就会被划成20多个等边三角形，每个区域都处在这些等边三角形的接合点上，以72°经度的间隔均匀地环绕地球分布，并且以相同的角度向东倾斜。

　　这些暗藏危险的三角区域大都处在海洋水域，在海水运动上表现为一种大规模垂直运动的旋涡。那里的海流、气旋、风暴、磁暴、海气的作用，比其他地区更为剧烈和频繁，而且这些大规模的海洋运动时常交替出现，给人类带来难以预料的巨大灾难。例如南半球非洲的东南部沿海被称为"世界上最危险的区域"之一，那里有海流中最强劲的厄加勒斯海流经过，它向来以浪大流急著称。1952年至今，至少有12条大船在此沉没；仅

1972 年，此海区就有 160 人丧生；1974 年 5 月 17 日，一艘 13 万吨的挪威油船在此遇难沉没。南半球其余 4 个旋涡区大都有暖流经过，海底地形十分复杂且深度变化较大。这些在地球上排列整齐、分布均匀的死亡旋涡区，不仅给人类带来隐患和恐慌，也激发了人类探求自然之谜的兴趣。

如果将北纬 30°线上下各移动 5°左右，我们再次吃惊地发现，在北纬 25°和北纬 35°线附近，是使人谈之色变的地震死亡线。这一地区发生的灾难性地震，死亡人数在 2000 人以上，其中震级在 7 级以上的就达几十次，如日本大陆的 8 级地震、葡萄牙里斯本的两次 8 级地震、土耳其埃尔津登的 8 级地震、美国旧金山的 8.3 级地震、意大利拉坦察的 9.8 级地震……中国境内北纬 35°的西藏地区，据史料记载，共发生过大于 8 级的地震 4 次，7～7.9 级地震 11 次，6～6.9 级地震 86 次。1950 年 8 月 15 日，在藏东的察隅墨脱发生过 8.6 级地震。

在北半球这两条纬度线上，为什么会成为一个怪事迭出、灾难频繁的神秘地带？它们是偶然巧合，还是造物主的有意安排？人们对产生这些异常区域的原因作了种种猜测，提出了许多假设：磁和重力异常、大气偏差、时空翘曲、宇宙黑洞、地球内部的死光、引导天外来客的水下信号装置、不明飞行物体收掠地球人的载体、太阳短时间的炫耀、某些星体排列导致的地球引力异常以及隐藏在异常区周围的不祥之神的黑色幕罩等。不幸的是所有这些解释都不能令人满意，假设不断地提出来，又不断地被否定，但飞机和船只还在不断地失事。

北纬 30°线离奇古怪、纷繁复杂的神秘现象多少影响了我们的视角和思维，这似乎不是一条简单的人为划分的地球纬线。处于北纬 30°的各种自然之谜，正等待着人们前去努力探索，揭开它们的奥秘。

神奇的威德尔海

大西洋上的百慕大"魔鬼三角"是一片凶恶的魔海，不知吞噬了多少舰船和飞机。它的"魔法"究竟是一种什么力量，科学家们众说纷纭，至今还是一个不解之谜。然而在南极，也有一个魔海，这个魔海虽然不像百慕大三角那么贪婪地吞噬舰船和飞机，但它的"魔力"足以令许多探险家视为畏途，这就是威德尔海。

威德尔海是南极的边缘海，属南大西洋的一部分。它位于南极半岛同科茨地之间，最南端达南纬83°，北达南纬70°～77°，宽度在550千米以上。它因1823年英国探险家威德尔首先到达此地而得名。

威德尔海的魔力首先在于它流冰的巨大威力。南极的夏天，在威德尔海北部，经常有大片大片的流冰群。这些流冰群像一座白色的城墙，首尾相接，连成一片，有时中间还漂浮着几座冰山。有的冰山高100～200米，方圆22万平方米，就像一个大冰原。这些流冰和冰山相互撞击、挤压，发出一阵阵惊天动地的隆隆响声，使人胆战心惊。船只在流冰群的缝隙中航行异常危险，说不定什么时候就会被流冰挤撞损坏或者驶入"死胡同"，使航船永远留在这南极的冰海之中。1914年，英国的探险船"英迪兰斯"号就被威德尔海的流冰所吞噬。

　　在威德尔的冰海中航行，风向对船只的安全至关重要。在刮南风时，流冰群向北散开，这时在流冰群之中就会出现一道道缝隙，船只就可以在缝隙中航行；如果一刮北风，流冰就会挤到一起，把船只包围。这时船只即使不会被流冰撞沉，也无法离开这茫茫的冰海，至少要在威德尔海的大冰原中待上1年，直至第二年夏季到来时，才有可能冲出威德尔海而脱险。但是冲出来的可能性是极小的，由于1年中食物和燃料有限，特别是威德尔海冬季暴风雪的肆虐，使绝大部分陷入困境的船只难以离开威德尔这个魔海，它们将永远"长眠"在南极的冰海之中。所以，在威德尔及南极其他海域，一直流传着"南风行船乐悠悠，一变北风逃外洋"的说法。直到今天，各国探险家们还恪守着这一信条，足见威德尔海的神威魔力。

↑　威德尔海

　　在威德尔海，不仅流冰和狂风对人施加淫威，鲸群对探险家们也是一大威胁。夏季，在威德尔海碧蓝的海水中，鲸鱼成群结队，它们时常在流冰的缝隙中喷水嬉戏，别看它们悠闲自得，其实凶猛异常。特别是逆戟鲸，它是一种能吞食冰面任何动物的可怕鲸鱼，是有名的海上"屠夫"。当它发现冰面上有人或海豹等动物时，会突然从海中冲破冰面，用那细长的尖嘴，贪婪地吞噬各种生物，其凶猛程度，令人毛骨悚然。正是逆戟鲸的存在，使得被困威德尔海的人难以生还。

　　绚丽多姿的极光和变幻莫测的海市蜃楼，是威德尔海的又一魔力。船只在威德尔海中航行，就好像在梦幻的世界里飘游，它那瞬息万变的自然奇观，既使人感到神秘莫测，又令人魂惊胆丧。有时船只正在流冰缝隙中航行，突然流冰群周围出现陡峭的冰壁，好像船只被冰壁所围，挡住了去路。一时间似乎进入了绝境，使人惊慌失措。刹那间，这冰壁又消失得无影无踪，使船只转危为安。有时，船只明明在水中航行，突然间好像开到冰山顶上，顿时，把船员们吓得一个个魂飞九霄。还有，当晚霞映红海面的时候，眼前出现了金色的冰山，倒映在海面上，好像向船只砸来，给人带来一场虚惊。在威德尔海航行，大自然会不时向人们显示它的魔力，戏谑着人们，使人始终处在惊恐不安之中。这是大自然演出的一场场闹剧，不知将多少船只引入歧途——有的竟为避开虚幻的冰山而与真正的冰山相撞；有的则受虚景迷惑而陷入流冰包围的绝境之中。

　　威德尔海是一个冰冷的海、可怕的海、神奇莫测的海。

怪异的"寂静之地"

　　强劲之风扬起漫天的沙雾，酷日炙烤着大地，所有的小动物都惊恐地躲藏在岩石下，这就是人称"寂静之地"的魔怪之地。

　　"寂静之地"位于墨西哥北部的杜兰戈州，地处母麻坡米盆地国家生态保护区，北纬27°，与百慕大三角和埃及金字塔处同一纬度，但这不是这片土地怪异的唯一原因。这里出现过许多怪现象无人能够解释：电磁波到了这里就消失得无影无踪；这里遍地都是陨石，流星雨是这里的常客；飞机飞越上空时，导航系统完全失灵。还有一个更为奇特的现象：各种古生物化石随处可以看到；相距不过一两百米的地区风雨大作，"寂静之地"却永远是骄阳似火；周边居民最爱谈论的是不明飞行物和三个头的羊。

　　据科学家考察，大约在10亿年前，陆地渐渐浮出海面，这是墨西哥的第一块陆地。在漫长的岁月中，人类始终没有在这块土地上留下任何痕迹，它一直保持着10亿年前的宁静。"寂静之地"之称就是这么得来的。

　　1976年的一天，墨西哥国家石油公司的工程师H.贝尼亚在这里勘探时发现，收音机、电视、无线电对讲机、卫星遥感系统到了这里完全

↑　怪异的寂静之地

失去作用，贝尼亚惊呼："这里无法接收到人类的信息！"

　　1979 年，英国天文学家伯纳德·洛弗尔观测到一颗正在接近地球的流星，并一直跟踪它进入大气层后，这颗流星开始燃烧解体。其中最大的一块突然改变飞行方向，朝北飞去，最终坠落在"寂静之地"。

　　20 世纪 80 年代初，美国宇航局一枚名为"雅典娜"的火箭因技术原因坠落在"寂静之地"，搜寻人员寻找时发现，雷达显示屏上一片空白。经过好几个星期才在中心地带找到残骸，并且测到该地区有放射性物质。

　　1986 年，墨西哥国家科学奖得主、著名物理学家雷·克鲁斯在此考察时发现：电磁波在此地传播时，横波传播很正常，纵波则完全不传播，被屏蔽掉了。此后，墨西哥瓜达拉哈拉大学派遣 30 名科学家实地考察，发现"寂静之地"放射能极高。

　　目前，尽管科学家频频考察，但这里依旧神秘。对于公众的疑问，科学家的假想是：这一地区下方有强大的能量场，火箭、陨石特别"钟爱"这一地区；雷达等仪器也易失灵。还有人猜想，地核在这个地方偏离了中心位置。更有人猜测，这里可能是史前外星人贮存能量的仓库。

　　未知容易使人产生想象空间，总之，有些存在是无法解释的，"寂静之地"依然奇异。

神秘的"食人沙"

我们在电影中时常可以看到这样一种毛骨悚然的场景，旅行者不幸陷入流沙中，在这千钧一发的时刻，如果没有抓住附近的树枝或同伴扔来的绳索，整个人眨眼间便被流沙吞没得无影无踪。

流沙是大自然所设计出的最巧妙机关，它可能藏在河滨海岸甚至邻家后院，静静地等待人们靠近，让人进退两难。在公元 1692 年时，牙买加的罗伊尔港口就曾发生过因地震导致土壤液化而形成流沙，最后造成 1/3 的城市消失、2000 人丧生的惨剧。看似平静的英国北部海、美丽而危险的阿拉斯加峡湾等地也曾发生过流沙陷人的故事。但是，大多数人往往都没见过流沙，更没有亲眼目睹别人掉进流沙或者亲身经历过。人们对于流沙的印象主要基于各种影片，在电影塑造的场景中，流沙是一个能把人吸入无底洞的大怪物。一旦人们身陷其中，往往不能自拔，同伴只能眼睁睁地看着受困者顷刻间被沙子吞噬。

荷兰阿姆斯特丹大学的柏恩在一次前往伊朗的度假旅行之中，遇见过一位当地牧羊人。他指着流沙告诉柏恩，村里曾有骆驼陷下去后就立即消失。柏恩对此将信将疑，回国后就立即对此展开研究。他仔细观看和分析了数十部描述到流沙噬人场景的电影，发现这些电影对流沙的描

↑ 食人沙

述根本就是错误百出。后来，柏恩在实验室里将细沙、黏土和盐水混合在一起，重建一个微型室内流沙模型来进行研究。

经过反复实验，柏恩领导的科研人员发现，要把沙子变得像太妃糖一样黏需要好几天时间，但要让它失去黏性则很容易，只要在其表面施加适当的压力即可。一旦流沙表面受到运动干扰，就会迅速"液化"，表层的沙子会变得松松软软，浅层的沙子也会很快往下跑。这种迁徙运动使得在流沙上面运动的物体下沉，然而，随着下沉深度的增加，从上层经迁徙运动掉到下方底层的沙子和黏土逐渐聚合，便会创造出厚实的沉积层，使沙子的黏性快速增加，阻止了物体进一步下陷。

研究认为，陷入流沙的人一般都动不了，密度增加以后的沙子粘在掉进流沙里的人体下半部，对人体形成很大的压力，让人很难使出力来。

即使大力士也很难一下子把受困者从流沙中拖出来。经研究人员计算，如果以每秒钟一厘米的速度拖出受困者的一只脚就需要约 10 万牛顿的力，大约和举起一部中型汽车的力量相等。所以除非有吊车帮忙，否则很难一下子把掉进流沙的人拉出来。研究还指出，照这种力量计算，如果生拉硬扯，那么在流沙"放手"前，人的身体就已经被强大的力量扯断。此举所造成的危险远高于让他暂时停在流沙当中。

其实绝大多数流沙和一般沙的区别不大，并没有电影中描述的那么可怕，它原理上只是被渗入了水的沙子，由于沙粒间的摩擦力减小，形成了半液态、难以承重的沙水混合物。流沙通常发现于海岸附近，一般很浅，很少有超过几米深的。柏恩表示，流沙只有一种状况会淹死人，那就是当头部先掉入沙中的时候，然而以这种方式掉入流沙的概率非常小。陷在流沙中的人仅感到胸部有些压力，呼吸较困难，并不会有什么生命危险。流沙附近上涨的潮水才是受困者最可怕的敌人。

不过，影片中对流沙的描述至少有一点是对的，那就是如果陷入流沙后，大力挣扎或是猛蹬双腿只会让人下陷得更快。人们误以为通过摇动能使身体周围的沙子松动，从而有利于肢体从流沙中拔出。科学家指出，其实不然，这种运动只能加速黏土的沉积，增强流沙的黏性，胡乱挣扎人只会越陷越深。

研究还发现，当物体陷入流沙后，下陷速度要视物体本身的密度而定。流沙的密度一般是 2 克／毫升，而人的密度是 1 克／毫升。在这样的密度下，人类身体沉没于流沙之中不会有灭顶之灾，往往会沉到腰部就停止了。研究者还发现，即便是一些密度比流沙大很多的物体，也能浮于流沙之上。在实验中，研究人员将一个密度为 2.7 克／毫升的铝盆置于流沙的顶部，尽管其密度大于流沙，但由于受流沙浮力和沙面张力的影响，铝盆仍能平静地待在流沙的表面。当科学家开始轻轻晃动这个铝制容器时，情况发生了变化，容器稍稍下陷了一点，当他们加大力度摇晃时，这个容器慢慢沉入沙底。

柏恩指出，逃脱流沙的方法还是有的，那就是受困者要轻柔地移动两脚，让水和沙尽量渗入挤出来的真空区域，这样就能缓解受困者身体所受的压力，同时让沙子慢慢变得松散。受困者还要努力让四肢尽量分开，因为只有身体接触沙子的表面积越大，得到的浮力就会越大。只要受困者有足够耐心、动作足够轻缓，就能慢慢地脱困。

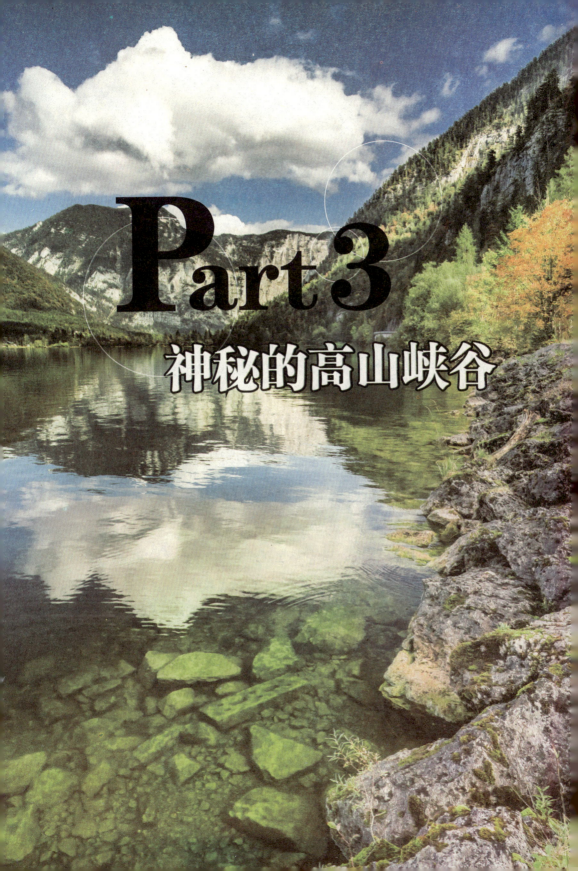

Part 3

神秘的高山峡谷

喷冰的火山奇观

　　人们对火山喷发的景象并不陌生，很多人都通过照片，或在电影、电视中看过岩浆一泻千里、火山灰遮天蔽日那壮观而又令人恐惧的景象，可是很少有人听说过能喷出冰块的火山。冰岛是个冰与火的国度。全国有 300 多座火山，至今还有 30 多座活火山在活动着。那里还常常发生地震，大量的温泉热气弥漫。与此同时，冰岛有 12% 的土地被冰川覆盖；冰川、雪峰多簇拥在火山口附近，一边是火山爆发，一边是冰天雪地。火山在冰川下突然爆发，顷刻间冰雪融化，引起山洪暴发，洪水泛滥。冰雪之水泻进火山口，形成湖泊。

　　1984 年 10 月，冰岛南部的格里斯维特火山又一次爆发了，可它喷出的不是炽热的熔岩、火山灰、蒸汽，而是无数透明洁净的冰块。这种喷射冰块的现象持续了两个星期。每秒钟喷发出来的冰块约有 42 立方米，在喷射最剧烈的时候，每秒钟可喷射出 2000 立方米冰块。这次火山爆发喷射出的冰块总量，大约有几千万立方米，结果在火山周围覆盖了厚厚一层冰。

　　俗话说："水火不相容。"那么火山为什么会喷射冰块呢？

　　原来，冰岛是地球上火山活动比较频繁的地区之一。地壳活动剧烈，

↑ 喷冰的火山

岩浆常常沿着裂缝流动，时而冲出地面，形成火山爆发；时而在半途冷却凝结，不流出地面。

冰岛靠近北极圈，沿海有暖流经过，气候温暖湿润，而内陆山地则气候寒冷，许多山峰被冰川覆盖，那些被岩浆堵塞的火山口和地下裂缝中也充塞着冰体。当格里斯维特火山爆发时，必然首先将积聚在火山口的冰块喷出。冰岛的火山活动虽然频繁，却比较"温和"，火山喷发出的气体将来不及融化的冰块接二连三地抛到空中，成为火山喷发后的大奇观。

神奇的莫纽门特谷地

　　雄伟的巨石、干爽清新的空气、荒漠斜阳下长长的巨石影子，赋予了莫纽门特谷地独特的美态。莫纽门特谷地属美国西南荒漠地带，地跨犹他、亚利桑那两州。谷地上巨石林立，都是风化剥蚀的产物，样子大多像残破的建筑，如倒塌了的城堡、古庙、摩天大楼、石柱和石塔。

　　许多巨石正由于形状特殊，赢得了引人遐思的名字。"城堡石"是座雄伟的平顶石丘，高300米，顶部形如开了枪眼的城垛。"拳击手套"是一对靠得很近的巨石，每座由一根狭窄石柱和一座小方山（孤立的平顶小山）构成；石柱形如拇指套，小方山活像手套主体。不远处，"伏窝母鸡"酷肖母鸡蹲伏窝中；庄严肃穆的梅里克小方山和密契尔小方山恍如巨型天然墓碑。根据当地传说，梅里克和密契尔曾是两名探矿人，19世纪80年代到此找寻银矿，遭印第安人杀害，故两座小方山以他们姓氏命名，作为纪念。"修道院女院长"高245米，为"三姐妹石"中最高的一座，形如披上修女头巾的女士，十指交叉在祷告，栩栩如生。

　　莫纽门特谷地并非自古以来即屹立着小方山和平顶石丘。约2.5亿年前，当地的红砂层原为浅海。海床沉积大量厚重的淤泥，把红砂压实，变为多孔砂岩，淤泥则渐渐转化为页岩。其后海水退却，约7000

↑ 莫纽门特谷地

万年前，地壳剧烈运动，陆块向上翘曲，形成广阔圆丘，冷凝下来。原有的海床变为一望无际的砂岩高原，表面覆盖页岩和砾岩（颗粒较粗的沉积岩，主要由卵石和砾石构成）。裸露的岩层长期受强风和流水侵蚀，出现峡谷和冲沟，地面割裂为多个宽广的高原；高原再经风化，面积缩小，变为方山，最后剥蚀为小方山和岩柱。

莫纽门特谷地像美国西南部大部分地区一样，景色壮丽，但是不宜人类和野生动物居住。仅纳瓦霍印第安人仍在放牧绵羊和山羊，此外渺无人烟。干旱的沙丘和荒芜的密灌丛地，只有兔子和需要很少水分的冷血动物可以生存，诸如颈领蜥蜴、角蜥、大草原响尾蛇等。由于年雨量很少超过 20 厘米，植物稀少，只生长着几种耐旱的植物，例如刺柏、蒿、北美矮松和仙人掌等，这些植物几个月不下雨仍能生存。偶降暴雨，野花种子迅速发芽生长，把荒野点缀得五彩斑斓，可是花朵一两天就枯萎了。多少年来，莫纽门特谷地似乎没什么变化，但是侵蚀过程并未停止，每天均有岩石剥落崩塌。长此以往，高耸的残余岩石体，终有一天会夷平，剩下平坦单调的砂岩高原。

探秘邦格尔邦格尔山脉圆顶山

　　邦格尔邦格尔山脉位于澳大利亚西部广阔的金伯利地区，面积大约450平方千米。这里一年中大部分时间天气酷热，即使在遮阴处，气温也高达40℃。在漫长的冬旱季节，这里完全没有降雨，河流也因此干涸，只剩下一些小水洼。但在11月至第二年3月的雨季，整座山脉却一片翠绿。印度洋的旋风带来的滂沱大雨，使岩阶上满是闪光的流水，最后汇集成瀑布，导致河水泛滥，切断了通往城镇的道路。

　　邦格尔邦格尔山脉形成于4亿年前，那时，北边的山脉被水流严重冲蚀。到现在这些山脉已经消失，而在这一带形成了大片的沉积层。后来，水流在较软的沉积岩上冲刷出许多沟槽和溪谷。这些沟槽和溪谷长期受风雨剥蚀而逐渐变深，互相连接，形成今天一座座分开的蜂窝状的圆顶山丘。这些圆顶山丘景色奇美，宛如梦幻般的海底世界，又似巨型的自然迷宫。大部分圆顶山位于山脉的东南段。西北段则是约250米高的峭壁和雨水长期冲蚀而成的深谷。谷中长满了顽强的植物，如针茅、金合欢、扇形棕榈等，它们全部扎根在峭壁的岩缝中，远看如同"空中花园"。这些条纹岩壁和奇异山峰位于遥远崎岖的地区，人类足迹罕至，直到20世纪80年代也仅有少数游客到过该地。今天，大多数人也只能从空中俯瞰观赏。

岩石上鲜明的条纹是在风的长期作用下形成的。新露出的砂岩原本呈白色，沿着沉积层夹缝流淌出来的水含有多种矿物质，给砂岩涂上了一层石英和黏土。这层石英和黏土不断堆积，最后裂开，其中的铁质留下了一条条赤黄色的痕迹。而灰色和棕色则是地衣和藻类被太阳晒干后所呈现出的颜色。这些砂岩一般质地较软，被风化后会像滑石粉一样细。

这些巨型岩石被澳大利亚土著称为"波奴鲁兽"，意为砂岩。这些土著在金伯利地区已经生活了 2.4 万多年，邦格邦格山已经成为他们的一座神山。1879 年，来自珀斯的测量师福雷斯特带领一支欧洲勘测队亲眼观看了这个巨大的岩石迷宫，他们无不为自然的造化神工而赞叹不已。1987 年，这里被辟为国家公园，当地土著参与了公园的管理工作，以免脆弱的砂岩受到游客的破坏。由于有悬崖遮阴，少数池塘常年积水，成为袋鼠和澳洲野猫等动物的饮水之处。在圆顶山丘侧面，有白蚁所建筑的蚁巢，高约 5.5 米，与圆顶山一样堪称奇观。

↑　邦格尔邦格尔山

"魔塔山"奇观

在美国怀俄明州西北部的大平原上，矗立着一块孤立的巨型独体岩，形如巨大的树桩。当地印第安人把它称作"魔塔山"。它由一簇巨大的多边石柱构成，从底部土墩巍然矗立，高达 265 米，底部直径 300 米，而顶部直径则缩至 85 米。

1875 年，美国陆军道奇上校曾护送一支美国地质勘探队到此。他听说印第安人夏延部落相信在石柱顶端住着邪恶之神，因此就替此石取名

"魔塔山"。

1893 年，当地牧场工人罗杰斯首次攀登上魔塔山。他把木钉钉入石缝中，然后将木钉连起来，人们可利用这种"梯子"攀上魔塔山顶。

地质学家认为，魔塔山形成于 5 千万年前。当时，地球深处的高温熔岩通过上层岩石缝隙涌出地表，其后慢慢冷却，并和周围的岩石凝固成一体；冷却时，岩块收缩，出现裂痕，形成多边石柱。数百万年后，那堆凝结了的物质周围质软的岩石被侵蚀掉，一组多边石柱就慢慢显露出来。历经上百万年的风雨侵蚀，魔塔山像经过艺术家的斧砍刀削，被刻出许多奇特的凹槽条纹，似分裂又似黏在一起。

即使在 100 多千米外，也可看到奇特的魔塔山。它随着时间推移和阳光变化而呈现不同的颜色。早期的西部拓荒者曾把它当做路标。1977 年，在美国电影《第三类接触》中，魔塔山成了外星人的太空船降落的地点。

魔塔山脚下是草原犬鼠的地下隧道和洞穴。这些啮齿类动物如野兔大小，叫声像犬吠，可以称作是魔塔山的一个奇观。

← 魔塔山

深不见底的阿苏伊尔幽谷

　　有这样一个峡谷，它深不见底，而且至今也无人有探查它到底多深的勇气。它就是阿苏伊尔幽谷。1947 年，阿尔及利亚和一些外国专家试图探明阿苏伊尔幽谷的深度，他们组成了一支联合探险队，第一个勇敢者是一个身强力壮又有丰富经验的探险队员。他系好标有深度标记的保险绳，朝幽谷下边看了一眼，就顺着陡峭的山崖一步一步地滑了下去。

↑　阿苏伊尔幽谷

时间一分一分地过去了，保险绳上的标记也在 100 米、300 米、500 米地往下移动着。他一步一步下到 505 米的时候，觉得身体有点不舒服，可仍然没有看到谷底。他怀着恐惧的心情拉了拉保险绳，上边的探险队员赶紧把他拉了上来。

这次探险活动就这样结束了，可是阿苏伊尔幽谷对人们来说还是一个谜。

此后，不同的考察队纷纷赴阿苏伊尔幽谷进行考察，但都没有什么结果。直到 1982 年，对阿苏伊尔幽谷的考察才有了新的进展。

1982 年，阿苏伊尔幽谷又迎来了一支考察队。第一个队员下到 810 米深的时候，说什么也不敢再往下走了，只好爬了上来。这时候，另一个经常和山洞打交道的有经验的队员已经系好了保险绳。

保险绳上的标志已经移到了 800 米、810 米、820 米，最后达到了 821 米。山顶上的人们不禁为这个队员捏了一把汗：现在，他的情况怎么样了？离谷底还有多远呀？他在干什么呢？

其实，那个洞穴专家沿着刀削斧凿般的峭壁一步一步下到 821 米深度的时候，突然出现了一种莫名其妙的恐惧，他深深地吸了一口气，稍微休息了一下，却发现自己连朝谷底深处看一眼的勇气也没有了。于是，这一次的探险活动也结束了。

阿苏伊尔幽谷探险家们所创下的最高纪录是 821 米。至今无人知晓阿苏伊尔幽谷究竟有多深，那神秘的谷底到底有些什么东西。

尽管目前阿苏伊尔幽谷对人们来说还是一个未知领域，但它仍将继续吸引着探险家们。也许在不久的将来这个谜团就会被解开。

"沙漠油彩"谢伊峡谷

　　在美国犹他州、科柯罗拉多州、亚利桑那州和新墨西哥州四州接壤的福科纳斯，壮阔奇丽的地貌随处可见。因此，这一带遍布国家公园和名胜古迹。即使置身于芸芸胜景之中，谢伊峡谷仍是独树一帜，因为它环境清幽，与世隔绝，而且对昔日当地居民的生活和信仰都产生过深远的影响。

　　这个峡谷是由许多峡谷组成的一个迷宫，经由流速缓慢的河川雕凿而成，谷底深入到迪法恩斯高原的红砂岩中。峡谷岩壁的高度从9米到300米不等，陡峻而异常平滑；岩壁上的黑色条纹酷肖油画中的线条，有"沙漠油彩"之称，那是千百年来富含矿物的水流从崖壁上流下岩面而造成的。

　　风霜侵蚀峡谷边缘，使巨砾冲落谷底；不久，巨砾分解为沙粒，随风而去。因此宽阔的谷底看上去非常整洁。春季，银白色的溪流在沙堤间蜿蜒；当地的纳瓦霍人种植了一片片小果园，园中盛开着苹果花和桃花，争妍斗丽。

　　虽然谢伊峡谷的冬天很冷，但总能吸引人前来定居。高耸的悬崖脚下多是幽深的壁凹，其中几处矗立着好些岩石建筑群的废墟，那是一个消失于公元 1300 年左右的古代民族所留下的。在他们之后来到此地的纳瓦霍人将他们叫做"阿纳萨基",意为"古人"。

16 世纪来到谢伊峡谷的西班牙人将这一带顽强不屈、足智多谋的当地人称为"纳瓦霍人"。当地人自称"迪纳",意即"人们"。他们神圣的家园尽收峡谷之内,由圣弗朗西斯科峰、赫斯珀勒斯峰、布兰卡峰和泰勒四座高峰所环绕。

峡谷之名来自纳瓦霍语,本意"解岩谷"。就在谷内阿纳萨基人的墓志铭旁边,纳瓦霍人也记载了他们自己关于神创造天地的故事。这些故事和传说被画在或者刻在许多洞穴的岩壁和岩架上。

也就是在这里,纳瓦霍人从峡谷的要塞向接踵而来的入侵者开战。首先入侵纳瓦霍人的是西班牙人,后来作为报复,共屠杀了 115 名纳瓦霍的男女老少。

↑ 谢伊峡谷

然后入侵的是美国移民。1863 年，美国政府派遣了几支由卡森上校率领的骑兵部队围困纳瓦霍人。结果约 7000 名纳瓦霍人被驱赶到新墨西哥州，这段旅程长达 330 千米。

4 年后，美国政府让纳瓦霍人重返故土，他们的家乡现已被划为纳瓦霍人居留地。这片土地上的每一块石头、每一样大自然的东西都融进了纳瓦霍人的信仰之中。

离谢伊峡谷不远就是石化森林国家公园，那是一片布满树干的荒漠。躺在那儿已达 2.35 亿年之久的树木在恐龙时代早期繁茂后来枯死了。当时位于亚利桑那州的这个地区还是一片热带沼泽。

那些倒下的树木，被埋进沉积物中，它们从地下水中吸收了硅元素。树木中的有机物逐渐由五彩缤纷的硬玛瑙取代；包在石化树木外面的软石层、蕨类植物、鱼类以及爬虫化石被侵蚀掉了，从而形成这个记录了地球早期历史的形象化文献。

隐藏在谢伊峡谷陡崖壁的废墟是一组宏伟的岩石建筑群，里面有高耸的塔楼和地下厅堂。其建造者从公元 100 ～ 1300 年在这里生活，被纳瓦霍人称为"阿纳萨基"。

阿纳萨基人是杰出的建筑人才，而且在耕作、棉纺、编篮和陶瓷方面都表现卓越，足迹远及墨西哥和太平洋沿岸，却于 13 世纪晚期销声匿迹，原因不详，也许遭遇旱灾与饥荒。只有所留下的建筑物标识着他们的历史。

充满危险的"骷髅海岸"

　　这是世界上最危险而又最荒凉的海岸，失事船只的残骸杂乱无章地散落在这里。1859年，瑞典生物学家安迪生曾来到这里。他感到一阵恐惧向他袭来，不寒而栗。他大喊："我宁愿死也不要流落在这样的地方！"

　　在古老的纳米布沙漠和大西洋冷水域之间，有一片白色的沙漠。葡萄牙海员把纳米比亚这条绵延的海岸线称为"地狱海岸"，现在叫做"骷髅海岸"。这条500千米长的海岸备受烈日的煎熬，显得那么荒凉，却又异常美丽。从空中俯瞰，骷髅海岸是一大片褶痕斑驳的白色沙丘，从大西洋向东北延伸到内陆的沙砾平原。沙丘之间闪闪发光的蜃景从沙漠岩石间升起。围绕着这些蜃景的是不断流动的沙丘，在风中发出隆隆的呼啸声，交织成一首奇特的交响乐。

　　骷髅海岸充满危险。8级大风、令人毛骨悚然的雾海和深海里参差不齐的暗礁，使来往船只在这里经常失事。传说有许多失事船只的幸存者跌跌撞撞爬上了岸，庆幸自己还活着，孰料竟慢慢被风沙折磨致死。因此，骷髅海岸布满了各种沉船残骸和船员遗骨。

　　1933年，一位瑞士飞行员诺尔从开普敦飞往伦敦时，飞机失事，坠落在这个海岸附近。有一位记者指出，诺尔的骸骨终有一天会在骷髅海岸上找到。骷髅海岸从此得名。可是诺尔的遗体却一直没有找到。

1942年英国货船"邓尼丁星"号载着21位乘客和85名船员在库内内河以南40千米处触礁沉没。全部乘客，包括3个婴儿以及42名男船员乘坐汽艇登上了岸。这次救援是最困难的一次，几乎用了4个星期的时间才找到所有遇难者的尸体和生还的乘客与船员，并把他们安全地送回文明世界。这次救援共派出了两支陆路探险队，从纳米比亚的温得和克出发，还出动了3架本图拉轰炸机和几艘轮船。其中一艘救援船触礁，3名船员遇难。

1943年在这个海岸沙滩上发现12具无头骸骨横卧在一起，附近还有一具儿童骸骨；不远处有一块久经风雨的石板，上面有一段话："我正向北走，前往96千米处的一条河边。如有人看到这段话，照我说的方向走，神会帮助他。"这段话刻于1860年。至今没有人知道遇难者是谁，也不知道他们是怎样暴尸海岸的，为什么都掉了头颅。

在海岸沙丘的远处，7亿年来的风的作用，把岩石剥蚀得奇形怪状，犹如妖怪幽灵，从荒凉的地面显现出来。在南部，连绵不断的内陆山脉是河流的发源地。但这些河流往往还未进入大海就已经干涸了。这些干透了的河床就像沙漠中荒凉的车道，一直延伸至被沙丘吞噬为止。还有一些河，例如流过黏土峭壁狭谷的霍阿鲁西布干河，当内陆降下倾盆大雨的时候，巧

↑ 骷髅海岸

克力色的雨水使这条河变成滔滔急流，才有机会流入大海。科学家称这些干涸的河床为"狭长的绿洲"。因为河床的地下水滋养了无数动植物，种类之多，使人惊异。湿润的草地和灌木丛吸引了纳米比亚的哺乳动物来寻找食物：大象把牙齿深深地插入沙中以寻找水源；羚羊用蹄踩踏满是尘土的地面，想发现水的踪迹。

在海边，大浪猛烈地拍打着缓斜的沙滩，把数以百万计的小石子冲上岸边，带来了新的光彩。花岗岩、玄武岩、砂岩、玛瑙、光玉髓和石英质地的卵石被翻上滩头。

南风从远处的海面吹上岸来；对遭遇海难后在阳光下暴晒的海员，以及那些在迷茫的沙暴中迷路的冒险家来说，海风有如献给他们的灵魂挽歌。大风吹来时，沙丘表面向下塌陷，沙粒彼此剧烈摩擦，发出咆哮之声。

入夜风止，沙漠冷却了，大自然怜悯这片饱受煎熬的土地，送来一阵迷蒙的雾。雾慢慢地穿过海滩和岩石，给苦受阳光烘烤的动植物带来滋润和生机。沙丘背后，沙砾平原的色彩和生命力将雾的奇妙功能表露无遗。白天，干枯又没精打采的地衣倒伏在一粒粒细小灼热的沙砾上；但在雾的滋润下，地衣恢复了生机，给这片沙砾平原带来缤纷的色彩。新的一天到来，沙漠继续创造生命的奇迹。比手指稍长的、天生瞎眼的大金鼹鼠钻进沙的深处，向岸北冲去。在冰凉的水域里，居住着沙丁鱼和鲻鱼，这些鱼引来了一群群海鸟和数以万计的海豹。在这荒凉的骷髅海岸外的外岛屿和海湾上繁衍生存着躲避太阳的蟋蟀、甲虫和壁虎。长足甲虫使劲伸展高跷似的四肢，尽量撑高身躯，离开灼热的地面，享受相对凉爽的沙漠微风的吹拂。

黑夜降临，幽灵般的雾掠过骷髅海岸的沙丘，这里更显得阴森和恐怖。谁也不知道骷髅海岸曾吞噬了多少冤魂。

火炬岛之谜

　　在加拿大北部的帕尔斯奇湖北边，有一个仅 1 平方千米的圆形小岛，当地人称之为火炬岛。据传，当年把火种带给人类的普罗米修斯准备返回天宫时，顺手将没用的火炬扔进北冰洋，火炬的一端并没有沉下去，而是露在水面继续燃烧，最后形成一个小岛。这个有着美丽传说的小岛，却有一个可怕的传闻，人一旦踏上小岛，就会自己燃烧起来。

　　18 世纪中期，有几个荷兰人来到帕尔斯奇湖。当地人再三叮嘱他们不要去火炬岛。有位叫马斯连斯的人不信这个邪。他想，帕尔斯奇湖在北极圈内，在那里烧堆火都很困难。他固执地邀了几个同伴去火炬岛，寻找所谓印第安人埋葬的宝物。他们一行来到小岛边，同行的人想起土著的忠告，突然害怕起来，乘船返回。只有马斯连斯一人继续奋力前进。

　　就在马斯连斯登上小岛后不久，同伴们偶一回头，突然看到一个火人从岛上飞奔而出并跳到湖里，这人正是马斯连斯。他们划向前去，只见水中的马斯连斯还继续燃烧着，最终死去……

　　1984 年，萨斯喀彻温省普森理工大学教授伊尔福德，组织了一个考察组前往火炬岛考察。之前，他们进行了分析，认为人体自燃可能是一种电学或是光学现象。但组里的哈瓦平利教授持反对意见：岛上草木

↑ 火炬岛

郁郁葱葱，还有飞禽走兽。

为了安全起见，他们穿上了特别的绝缘耐高温服装，上岛后未发现异常。然而，就在两个小时的考察即将结束时，莱克夫人突然说她心里发热，腹部发烫。伊尔福德立刻叫大家迅速从原路撤回。回来的路上，走在最前面的莱克夫人突然惊叫起来，循声望去，只见阵阵烟雾从莱克夫人的口鼻中喷出来，接着就闻到了一股烧焦的肉味。

后来，伊尔福德教授回忆此事说："莱克夫人一开始走在队伍的最前面，我们并没有发现任何异常，燃烧是渐渐发生的，那套耐高温衣服完好无损，莱克夫人却化为灰烬。"

4 年后，加拿大自然科学院的阿马尔博士再次冒险前往火炬岛考察，他也未能逃脱厄运。此后，美丽的小岛被罩上了一层神秘而恐惧的面纱。

加拿大物理学院的布鲁斯特教授说，自燃现象是人体内部的原因造成的。

伊尔福德反对这种观点，他认为这是外部原因所致。

此后，从 1984 年到 1992 年，共有 6 个考察队前往火炬岛，每次都有人丧生，当地政府严禁任何人进入火炬岛。

火炬岛如今已经人迹罕至，一动不动地坐落在帕尔斯奇湖畔。人们对它依旧充满着好奇，但却没办法揭开谜团。

神奇的马达加斯加岛

在那 180 米高的石灰崖顶上有个与世隔绝的世界，那里全是纸样薄、剃刀般锋利的尖峰，有些高达 30 米，就是再坚硬的皮靴用不了几分钟也会被削成碎片，一失足便会皮破血流或切断动脉。在这里鳄鱼深居于地下的洞穴里；大眼睛的狐猴像可怕的鬼魅藏身树上；只要捏死一只野蜂，树上的蜂群便会倾巢而出用刺猛蜇你。

这就是马达加斯加岛，一座不可思议的岛屿。地球上原来的超级大陆——冈瓦纳古陆于 1.2 亿年前开始分裂，马达加斯加独有的生态系统就是在那时开始形成的。当时马达加斯加是齐整地夹在印度南端、非洲东岸和南极洲北岸之间的。

在恐龙时代，非洲与马达加斯加是连在一起的，恐龙可从非洲缓步到岛上。在马达加斯加与非洲分裂后的数百万年里，动植物乘着漂浮的植物渡过海峡，移居岛上。但到 4000 万年前，海峡变得太宽了，生物的移徙停止了。岛上首批居民是公元 500 年自印尼乘船来的，而非来自邻近的东非。

马达加斯加岛上的安卡拉那高原是典型的喀斯特石灰岩地貌。千万年的大雨，平均每年达 1800 毫米，把岩石（上层是松软的白垩，底层是坚硬的结晶）溶掉。松软部分溶掉后，留下锥、尖柱和峰脊，往往侵

↑ 马达加斯加岛猴面包树

蚀成薄片。在石灰岩层中有长满树木的峡谷，谷里的猴面包树、无花果树和棕榈树枝叶茂盛，在 25 米的高度处形成一大片树冠。在其南面 720 千米的贝马拉哈国家保护区，也出现同样的地貌。

雨水渗入安卡拉那的岩石缝，溶成深洞，水中的石灰质在洞里沉积，形成壮观的石笋和钟乳。流入石灰岩隙缝而失去踪影的溪流，会在地下出现，在地道和洞窟形成地下河；格罗特德安德菲亚贝就是这样的洞窟。有些较大的洞穴，顶部塌落，底部长满植物，形成一小片一小片分开的原始树木，栖息着不少动物。

当地人称高原中部那些令人生畏的岩石为"磬吉"，因为敲击时会发出破钟似的低沉声。马尔加西人（马达加斯加人）说："磬吉"没有一片容得下一只脚的平地。不畏艰险的博物学家努力穿过曲折的尖石阵外围，但最后都晕头转向被迫返回。少数尝试穿越"磬吉"的人都说最好得乘飞机，从上空一个安全的距离俯瞰。

由于马达加斯加人口增长，不断开垦土地，所以大部分野生动物都受到威胁。但是安卡拉那高原和贝马拉哈保护区仍是一些稀有动物的庇护所。马达加斯加特有的动物狐猴，依就有好几种住在尖峰隙缝和灰岩坑中的树木上。

狐猴是低等的灵长目动物，与猴、猿和人类有远亲关系。有些狐猴例如罕见的侏儒狐猴，喜欢晚上独自觅食；较大的原狐猴等则会成群结队在白天四处觅食，用人手般的手抓住树枝，在树间跳上跳下。

在安卡拉那还可以看到其他哺乳类动物，如瑗尾磲和似猫的马达加斯加狸。后者是岛上最大的食肉动物，以捕食狐猴为主，有人形容它"好像齐膝切断了腿的美洲狮"。

地球上唯一一种穴居的鳄鱼，在5月至10月的旱季，居于安卡拉那的地下河中。这种鳄鱼可长达6米，能把人抓住并吞噬。

幸好这种鳄鱼要在阳光下才能活跃起来，而地下水的温度在26℃以下，使它们处于近乎昏睡的状态，所以入洞探幽的人不用担心。

在地下河里还有皮韧如革的鳗鱼，虽比鳄鱼小，但危险得多。最短的鳗鱼也有1.2米长，生性凶猛，口里长满可怕的牙齿，即使未受刺激，也会突然袭击游泳的人，甚至充气的小艇。由于安卡拉那和贝马拉哈保护区偏僻荒芜，生活在这里的野生动物因而得到保护，但岛上其他地方的情况则不一样，珍稀动物宝库正面临困境。在哺乳类动物中，狐猴是别处找不到的，而岛上已知的235种爬虫，全是在这里土生土长的。

鸟的种类也同样繁多。马达加斯加有250多种鸟，其中100多种是马达加斯加独有的。鸟儿数目减少的主要原因是砍伐雨林，但另一原因是外国游客为寻欢作乐而猎杀鸟儿，从隆鸟的灭绝可知，同样惨事亦很容易发生于任何鸟种。隆鸟不会飞，身体有鸵鸟一倍半大，体重约 450 千克，是世界上最大的鸟。其卵比鸵鸟卵大 5 倍，这种巨鸟最后被人类猎杀绝种，见到隆鸟的最后记录是 1666 年。

变色龙（即避役）也受到威胁，世界上一半种类的避役产于马达加斯加岛。避役绝不伤人，马尔加西人却很怕他们，认为死了未能安息的灵魂就会附在他们身上，还认为避役那两只能各自转动的眼睛一只可回顾过去，另一只可展望未来。

不过，岛上已有一些令人鼓舞的迹象，拯救濒临绝种动物的计划已经开始，例如鸟类学家正在研究有灭绝危险的鱼鹰和蛇鹰。

在安卡拉那北面几千米处的昂布尔山国家公园里，鼓励农夫善用土地，以栽种树木来烧炭而不是砍伐雨林，并有效使用灌溉系统。提倡绿色旅游，可确保安卡拉那等稀有动植物宝库世世代代保存下去。

"幽灵岛"之谜

　　西方人酷爱航海，而历来航海史上怪事多多。在斯匹次培根群岛以北的地平线上，1707 年英国船长朱利叶斯发现了陆地，但这块陆地始终无法接近。然而值得肯定的是，这块陆地不是光学错觉，于是他便将"陆地"标在海图上。200 年后，乘"叶尔玛克"号破冰船到北极考察的海

　　　　↑　幽灵岛

军上将玛卡洛夫与他的考察队员们再次发现了一片陆地，而且正是朱利叶斯当年见到的那块陆地。航海家活尔斯列依在1925年经过该地区时，也发现过这个岛屿的轮廓。但科学家们在1928年前去考察时，在此却没有发现任何岛屿。

一艘意大利船在1831年7月10日途经西西里岛附近时，船长突然发现在东经12°42′15″、北纬37°1′30″的海面上海水沸腾起来，一股直径大约200米、高20多米的水柱喷涌而出，水柱刹那间变成了一团500多米高的烟柱，并在整个海面上扩散开来。船长及船员们从未见过如此景观，被惊得目瞪口呆。当这只船在8天以后返航时，发现一个冒烟的小岛竟出现在眼前。许多红褐色的多孔浮石和大量的死鱼漂浮在四周的海水中，一座小岛在浓烟和沸水中诞生了。而且在随后10多天不断地伸展扩张，周长扩展到4.8千米，高度也由原来的4米长到了60多米。由于这个小岛诞生在突尼斯海峡里，这里航运繁忙，地理位置重要，因此马上引起了各国的注意，大量科学家前往考察。但奇怪的事情发生了，正当人们忙于绘制海图、测量、命名并多方确定其民用、军事价值时，小岛却突然开始缩小。到9月29日，在小岛生成后一个多月，它已经突然小了87.5%；又过了两个月，海面上已无法再找到小岛的踪迹，该岛已完全消失。

类似的事情也发生在大西洋北部。有一座盛产海豹的小岛，它是100多年前由英国探险家德克尔斯蒂发现的，它也因此被命名为"德克尔斯蒂岛"。大批的捕捉者来到了这个盛产海豹的岛上，并建立了修船石和营地，但此岛却在1954年夏季突然失踪了。大量的侦察机、军舰前来寻找均无结果。事隔8个月后，一艘美国潜水艇在北大西洋巡逻，突然发现一座岛屿出现在航道上，而航海图上却从来没有标识过这样一个岛屿。潜水艇艇长罗克托尔上校经常在这一带海域航行，发现此岛后大为震惊。罗克托尔上校通过潜望镜发现岛上有人居住，有炊烟，于是命令潜水艇靠岸登陆。经过询问岛上的居民才知道，这正是 8 个月前失踪的德克尔斯蒂岛。

类似的怪事还有很多，科学家们称这种行踪诡秘、忽隐忽现的岛屿为"幽灵岛"。它们不同于那种热带河流上常见的，由于涨水或暴风雨冲走部分河岸或沼泽地而形成的漂浮岛。那么，幽灵岛是怎么形成的呢？这种时隐时现的小岛究竟是从何而来，又因何而去的呢？这成为世界海洋科学家们的热门话题。

法国科学家对这类来去匆匆的"幽灵岛"的成因作了如下解释，由于撒哈拉沙漠之下有巨大的暗河流入大洋，巨量沙土在海底迅速堆积增高，直至升出海面，因此临时的沙岛就这样形成了。然而，河水会出现越堵越汹涌的情况，并会冲击沙岛，使之迅速被冲垮，并最终被水流推到大洋的远处。

美国的海洋地质学家京利·高罗尔教授却得出了完全不同的观点。他认为海洋上的"幽灵岛"的基础是花岗岩石，而并非是由泥沙堆积而成。它形成的年代久远，岛上有茂盛的植物和动物群，是汹涌的暗河流冲击不垮的。那么"幽灵岛"为什么会突然消失呢？他认为"幽灵岛"出现的海域是地震频繁活动的地区，海底强烈的海啸和地震使它们葬身海底。高罗尔教授还认为，如果太平洋西北部的海底板块产生强烈的大地震使之大分裂的话，日本本岛、九州也同样遭到和"幽灵岛"同样的命运，会沉没在碧波万顷的大海之中，而且他认为自己并非是在危言耸听。

另有学者认为，这不过是聚集在浅滩和暗礁的积冰。还有人推测这些"幽灵岛"是由古生的冰构成，后来被大海所"消灭"。多数地质学家则认为是海底火山喷发的作用形成此类小岛。他们认为，有许多活火山在海洋的底部，当这些火山喷发时，喷出来的熔岩和碎屑物质在海底冷却、堆积、凝固起来。随着喷发物质不断增多，堆积物多得高出海面的时候，新的岛屿便形成了。有的学者认为，小岛的消失是因为火山岩浆在喷出熔岩后，基底与海底基岩的连接不够坚固，在海流的不断冲刷下，新岛屿自根部折断，最后消失了。有的学者认为，可能在海底又发生了一次猛烈的爆炸，使形成不久的岛屿被摧毁。还有学者认为，是火山活动引起地壳在同一地点下沉，使小岛最终陷落。

以上观点虽然各有各的道理，但都不能说明，为什么有些小岛会一而再、再而三地"耍把戏"呢？为什么它们在同一地点突现、消失、再突现、再消失，而与其邻近的海域却没有异常现象发生呢？到底是什么原因呢？这是一个难以解开的谜团，始终困惑着科学家。

Part 4

神奇的湖泊与瀑布

南极神奇的"不冻湖"

　　南极——这个地球上的最南端，当人们一提起它，所想到的第一个问题就是"冷"字，想到那人迹罕至的冰雪世界。在南极，放眼望去，皑皑白雪、银光闪烁。在这 1400 万平方千米的土地上，几乎完全被几百至几千米厚的坚冰覆盖，零下五六十度的气温，使这里的一切都失去了活力，丧失了原有的功能；石油在这里像沥青似的凝固成黑色的固体，煤油在这里由于达不到燃烧点而变成了非燃物。然而，有趣的自然界却向人们奇妙地展示了它那魔术般的奇迹：在这极冷的世界里竟然奇迹般地存在着一个"不冻湖"。

　　科学家们所发现的这个"不冻湖"，面积达 2500 多平方千米，湖水遭到了极其严重的污染，并有间歇泉涌出水面。科学家们对这个湖的周围进行了考察，发现在它附近不存在类似于火山活动等地质现象。为此科学家们对于出现在这酷寒地带的"不冻湖"也感到莫名其妙。

　　为揭开此谜，苏联考察队利用电波器，在他们基地附近厚达 3000 米的冰层下，又发现了 9 个"不冻湖"，这一新的发现使得对"不冻湖"的研究有了新的进展。他们接着对这一"不冻湖"的形成原因进行了分析、研究和推测，提出了各自不同的见解。有的科学家提出这是气压和温度

↑ 南极不冻湖

在特殊条件下交织在一起的结果。持这一见解的人指出：在这 3000 多米冰层下的压力可达到 278 个大气压，在这样强大的压力下，大地所放出的热量比普通状态所放出的热量多，而且冰在零下 2℃ 左右就会融化。另外，冰层还像个大"地毯"一样，防止了热量的散发，使得大地所放出的热量得以积存，这样在南极大陆的凹部就可以使大量的冰得以融化，变为"湖水"。另有一些科学家则认为：在南极的冰层下，极有可能存在着一个由外星人所建造的"秘密基地"，是他们在活动场所散发的热能将这里的冰融化了。还有的科学家指出：这是个"温水湖"，很有可能在这水下有个大温泉把这里的水温提高了，冰给融化了。也有些人反驳说：如果这里有温泉水不断流入湖里，为什么湖上的冰冠没有一点融化的迹象呢？为了解释这一问题，人们在冰层上架起了钻机，取出了冰下的样品，发现湖底的水完全是凉的，这就说明了在湖下并不存在温泉，湖水不是由于温泉而热起来的。

还有一些科学家推测认为：湖水是由太阳晒热的。他们是这样解释的，这个四周被冰山包围的湖实际上是一潭死水，它很容易聚热。这里的冰层起到了一个透镜的作用，这种透镜可以使太阳光线聚焦，成了湖上的一热源，当阳光照在四面冰山上的时候就有少量的热被折射到这个聚焦镜上，天长日久，就形成了这冰川上的"不冻湖"。但同时也有人提出为什么太阳不会把湖上的冰融化呢？如果湖上的冰起到透明镜的作用，那么，为什么在其他的地方没有这种现象呢？

围绕"不冻湖"的问题，各种推论、猜测纷纷提出，然而到现在为止，还没有一个科学家能拿出令人满意、使人信服的结论。

神秘的死海

　　在地球陆地最低处有一个内陆湖，不仅湖里没有鱼虾，甚至连四周湖岸也没有任何植物。鱼儿顺着约旦河遨游，只要接触到湖里的水，就会立即死去，人们只要尝尝这里的水，舌头就会感到一阵刺痛。湖面上盐柱林立，有些地方则漂浮着盐块，好像破碎的冰山。令人奇怪的是，不会游泳的人掉进湖里也不会被淹死。这个湖就是有名的死海。与世界上任何江河湖海不同，死海是不准许人们"为所欲为"的。你想击水前

↑　死海

进时，它会使你立即失去平衡，毫不客气地将你翻转过来；任何游泳好手，无论他采取蛙式、蝶式或自由式，在死海里都休想施展自己的本领。至于潜泳，有史以来，还没有人在不坠挂重物的情况下潜入死海。死海不容人游泳，却让人漂浮其上。它是"旱鸭子"的乐园，从未游泳的人尽可放心地仰卧水面，伸开四肢，随波漂浮。风平浪静时，人们甚至可以在水面上仰面捧读，享受在其他江河湖海中所不能得到的情趣。死海的怪脾气和浮力都来自其含量极高的矿物质。死海盐的含量是普通海水的 9 倍，湖水表层含盐量为 300% 至 332%。在死海通常见不到滔滔巨浪，这是因为死海的水含矿物质高，减弱了风的威力。

死海里的众多矿物质来自何处呢？至今没有一个科学解释。死海周围的山峦、土地中含有各种矿物质，这些矿物质都伴随着雨水，长年累月流入死海。在死海周围，还有 100 多个含有大量硫黄和其他矿物质的温泉，它们都注入死海。但是，这些都远远不是造成死海含大量矿物质的主要原因。死海矿物质的主要来源是死海里的各种矿泉。传说死海湖底像一张漏筛，大量的矿物质是从底部喷射出来的。传说不足为凭，这种说法也仅仅是猜测。

长期以来，在死海的前途命运问题上，一直存在着两种截然不同的观点：一种认为，死海在日趋干涸，不久的将来，死海将不复存在；另一种观点则认为，死海并非没有生命的死水，它的前途无量，是未来的世界大洋。持前一种观点的人认为，在几千年漫长的岁月中，死海日复一日、年复一年地不断蒸发浓缩，湖水越来越少，盐度越来越高。加上那里终年少雨，夏季气温高达 50℃。唯一向它供水的约旦河还要被用于灌溉，所以它面临着水源枯竭的危险。1976 年，死海水位迅速下降，其南部开始干涸。以色列曾想用"输血"的方式——打通死海与地中海——

来挽救死海，但地中海本身的平衡也很脆弱，亦有入不敷出之忧。所以，从长远看，死海似乎只有死路一条了。

持后一种观点的人则认为，死海位于著名的叙利亚——非洲大断裂带的最低处，这个大断裂带还处于幼年时期，终有一天，死海底部会产生裂缝，从地壳深处冒出海水，而随着裂缝的不断扩大，会生长出一个新的海洋。这一观点的一个有力佐证是，与死海处于同一构造带上的红海，其海底已发现了一条深2800米的大裂缝，并且还在缓缓发展，从地壳深处正不断地冒出水来。20世纪80年代初，人们又发现死海之水正不断变红，科学家们经过分析，发现其中正迅速繁衍着一种红色的小生命——盐菌。其数量之多，十分惊人。此外，人们发现死海中还有一种单细胞藻类植物。看来，死海已名不副实了。那么，死海会不会"死"呢？死海里的生物又来自何处呢？

怪异的乔治湖

澳大利亚是世界上水资源短缺的国家之一，水资源分布不均，时空变化大，带来许多奇异的水资源现象，乔治湖之谜就驰名中外。

乔治湖位于澳洲头号大城市悉尼与首都堪培拉之间，距堪培拉60千米左右。这个湖每隔12年一个干旱周期，从干旱到水盈有3～5年的时间，干涸时间和丰水时间基本相当，约占5～6年。湖面面积约200平方千米，湖面平均深度2米左右，完全是平原水库的特征。但没

↑ 乔治湖

有入湖的水源河流，也没有流出的水路，干旱与湖水满完全是偶然产生，没有任何明显的自然变化，譬如没有降雨或者融雪的因素。澳大利亚水文学家为了解开湖面干旱与丰沛周期之谜，曾经进行了长期跟踪观测，但因没有湖面出入口，所以正常水文观测也无法进行。为揭开此谜曾经用示踪法进行测验，据说放入的测验介质被几千千米外的智利检测到。

　　究竟湖面为什么周期性干旱和丰沛，科学家至今也没有找到答案。由于湖的怪异，还引发了不少法律纠纷，一位澳洲德依居民因为承包了湖面养鱼，当鱼即将成品时，湖面突然干旱，十几天就暴露湖底，使即将到手的鱼产品化为乌有，为此承包人将湖面所有者以事先不告知为由告上法庭，可见湖泊的怪异现象十分奇特，然而至今也没有找到答案。

休尔济湖之谜

　　位于俄罗斯南部地区的休尔济湖，已经连续多年见不到渔民的影子，而在过去，那些懂行的人只要去捕鱼，无疑必去休尔济湖。因为那里的鱼可以成吨地钓上来，而且都是一些大条的鲑鱼和不多见的茴鱼。然而，2002 年秋末，渔民的好日子便到了尽头。就是从那时候开始，湖区正式禁止前往。虽说湖岸上没设哨卡，但是附近村庄的居民没一个敢去。敢去的只有一些科学家、医生，他们的目的是对湖区进行考察。他们想知道，到底是什么神秘力量在湖区夺去了人们的生命。

　　事情还得从 2001 年 9 月说起。当时，萨福诺夫村有一伙老大爷在湖上捕鱼。他们在一个叫"小胖墩"的岛上下了网，然后回到岸上坐等鱼儿上钩。他们生起篝火，用烤鱼和烤鹿肉下酒。最后到了收网的时候，他们划着船直奔小岛。

　　关于后来发生的事，当事人费奥多尔·波塔涅夫回忆说："突然感到浑身没劲，手脚都发软。我现在都记不得是怎么回来的。"回到岸上之后，3 个人全都躺倒在地，像打摆子一样全身抖个不停，体温急剧上升，完全是中剧毒迹象。他们扔下所有东西，决定无论如何也得往家赶，其中一个叫弗拉基米尔·别卢金的在途中便断了气。把他埋葬之后，亲属们拿到的死因报告上写的是：不明物质中毒。

据医生们的意见，别卢金的死因既不是水，也不是酒、鱼和肉，也就是说排除了食物中毒。2001年10月，有些科学家来到休尔济，他们想弄清渔夫的死因。专家们对湖底沉积进行了研究，但未发现任何异常。这件事后来传到了州里，但人们似乎并没在意，仍下湖捕鱼。对于别卢金的死，多数人认为："他们显然喝了什么脏东西。"人们都不相信死者胃里未发现任何乙醇中毒的迹象。

整整过了一年后，2002年秋天，休尔济湖又发生了一幕惨剧，同前一年死人的事一模一样。这次湖上的人很多，有来自阿尔罕格尔斯克和科米的两伙人在打鱼，科米人是坐直升机来的。

还是在去年的老地方，在小胖墩小岛附近，船上的人感到身体不舒服：两腿和脊柱有一种像牵引似的疼痛，呼吸困难、发冷。他们急忙往岸边划，其中一个叫韦尼阿明·鲁萨诺夫的渔民在到达一个村庄后，便一命呜呼。医生下的诊断还是：不明物质中毒。同上次一样，死亡与食物中毒无关。

从那以后，专家们决定全面进行研究。专家检测湖水为标准纯净水，人到底是怎么中毒的呢？可以肯定地说，休尔济湖是目前俄罗斯水专家关注最多的。他们从各方面去研究，企图弄清到底是什么东西在毒死人。高浓度的重金属（铅、汞、镉等）和氯或氟也能引起剧烈中毒。卫生防疫站、水文气象站和州生态委员会的工作人员得出一致的看法：湖水在这方面未发现任何异样，只是锰、铁和锌的含量略微偏高。专家们第一次在实验室里对水样进行分析时，得出的结论是：湖里的水为标准的纯净水，直接从湖里喝都不成问题。

专家们还对湖里的鱼进行了辐射检查，也未发现任何异样，这用肉

↑　休尔济湖

眼也看得出来，湖里的鱼照常还是很多，每一条都长得肥肥的，而不是死鱼。水里的水藻也长得非常茂盛，里面还有不少虾。湖面上的天鹅过着悠闲的生活。湖四周像松鸡、榛鸡和野鸭这样的野禽也有很多。专家们又从湖岸上取了苔藓、地衣和雪样，希望从中找到一点依据能证明死者是中毒死亡，可是从这些样品上找不到任何疾病感染源。

有人曾做过这样的假设：会不会湖泊处在地壳的断裂带，这里会是一个土源性致病区呢？不过如果是这样，这里起码会有些化学变化，可是没有。如果这是一种世界上罕见的大自然异常，那么为什么死的只是人，动植物却活得好好的呢？

州地质队队长叶甫盖尼·马柳京想起该地区曾有过天然气泄漏情况，

但每次泄漏都只是味道很呛的甲烷。卫生防疫站的工作人员花了很长时间去寻找类似中毒事件，他们发现秋明州曾暴发过一种在渔村中罕见的病。那是因为有人吃了感染了一种不明毒素的鱼。但是由当事人带回家的鱼让全村人都享用了，结果什么事都没有。总之，这事有些不可思议。休尔济湖死人事件疑点重重，死因至今仍是个谜。

"不沉湖"之谜

　　在帕尔斯奇湖东南部有一处不冻的深潭，它深不见底。人们称它为"不沉湖"或"上帝的圣潭"。

　　原来，早在19世纪时，有一家姓鲍伊的印第安人迁来此处定居。他们住在深潭附近，一天，他们的木筏遇到了飓风，当木筏被吹到深潭时已经被肢解得支离破碎。鲍伊一家7口人，有5人掉进了深潭，掉下水的人惊恐万状，拼命呼喊救命。但是，拿到木筏的人不论怎么拼命也无法靠近援救他们。筏上的人眼睁睁地看着水中挣扎的人，水里的人露出绝望的眼神……

　　就在这时，奇迹出现了：那些在水中挣扎得筋疲力尽的人们，绝望之际发现自己并没有下沉，他们觉得像有什么东西托住自己似的，他们得救了。后来，有一个法国人蒙罗西哥来到此地，一不小心也掉进了深潭，他和前面的人一样也侥幸逃脱厄运。事后他对人说："那就像上帝的手，把我托了起来，使我不能下沉。"因此，人们就称这个深潭为"上帝的圣潭"。

　　"上帝的圣潭"很快就传遍了世界各地，吸引了不少的旅游者。1974年，到火炬岛考察的伊尔福德一行人也慕名来过此地。但在经过水质分析后，竟没有发现这里的水的比重与圣潭周围甚至整个帕尔斯湖水有什么不同。因此，许多专家学者都猜测水下有特异物质，当有物体落入水中时。这种特异物质就释放出某种能量，增大了水的比重，使物体能够浮在水面。

但是，这一说法很快又被另外的专家否定了，因为经他们试验，当人落水时取出水样来，然后与圣潭平静时的水样相比较，其成分并未发生改变，也就是说，前后水样成分完全相同。更让人称奇的是，不仅人无法沉入水底，就是钢铁也不会沉下去。到 1979 年美国科罗拉多州物理学会几位专家，协同圣弗朗西斯科海军基地和加拿大航海科学院，对"上帝的圣潭"再次进行了测试，可他们仍然一无所获，没有找到什么有力的依据。

他们只是发现，圣潭不但排斥人类，而且排斥任何物体。仪器不能深入，潜水员无法潜入水中。有一位名叫哈德希布漠的海军军官，将手上的一枚钻戒扔进圣潭，那戒指也居然也漂在水面。时至今日，还没有一样东西能够沉下去。对于这种现象，没有人能说得清原因。

← 不沉湖

神奇的"鬼湖"

　　一个湖泊，当人们来到湖畔时，只见碧波荡漾，清澈照人，湖水甘甜，可不大一会儿工夫，辽阔的湖面消失得无影无踪，出现在人们眼前的是一片茫茫的沙漠。这种时隐时现的湖泊，被人们称之为"鬼湖"。然而，北非摩洛哥国境边缘地带的科萨倍卡沙漠中有一个"鬼湖"，令世人称奇。

　　为什么会出现这样一个"鬼湖"呢？多少年来，人们众说纷纭，也有不少人作过探险考察，但一直未能得出令人信服的科学结论。据地质学家们推测，造成这样一个"鬼湖"的原因可能是由于类似虹吸泉的现象引起的。

　　自然界的虹吸现象，常常是在泉水附近较高的地方，有一个天然地下溶洞，各处渗流过来的水都储存在岩洞内，而岩洞和泉水之间有一条天然地下渠道相连。当岩洞内的水积至淹没渠道最高部位时，水就将渠道内的空气挤压掉，水便从岩洞里源源不断地向泉水处流去，直至岩洞内的积水水位下降到同渠道连接之处时为止。泉水处又是其他地方的水源，当泉水上涨时，便自动向另外的地方流去，在岩洞内的水积至渠道最高部位而仍未向下流时，泉水处的水位便开始下降。这种虹吸泉，泉水时涨时落，也有点像海水的潮涨潮退，只不过海水的潮涨潮退是由月球引力所引起的罢了。

　　根据上述现象，地质地理学家们推定，在"鬼湖"附近可能有一个比"鬼湖"地势高的地下空洞，储存着由别处渗流进来的地下水，并有一个类似虹吸泉那样的地下坑道将"鬼湖"同地下空洞连接在一起。当虹吸现象出现时，地下空洞里的水大量流出，便出现"鬼湖"，而由于"鬼湖"地处沙漠之上，即使水量再大，也会一会儿工夫就流到沙层下面或者渗流到别处去了；即使一时未来得及渗流掉的水，由于沙漠上狂风乍起，风沙弥漫，不大一会儿工夫就会被流沙所覆盖，变成了一片茫茫的沙海。

↑ "鬼湖"

神秘失踪的湖

2005 年 5 月，俄罗斯下诺夫哥罗德州发生了一件怪事。当地一处天然湖在一夜间神秘失踪。这处天然湖原本位于下诺夫哥罗德州的博罗特尼克沃村。当得知湖失踪的消息后，村民们都惊呆了，他们不能想象，几百万立方米的水怎么会在一夜间消失得无影无踪。原来一个美丽的湖现在竟变成了一个荒芜的大土坑,而在该村附近也没有出现任何新的"水库"。村子距离天然湖大约有 300 多米，湖水由小树林环抱。一位村民说："像平常一样，我一早就拿着钓鱼竿赶往那个熟悉地方，但到了那儿，我的老天，连一滴水也没有了。真不知道是怎么回事？"

博罗特尼克沃村将此事通报了俄联邦紧急事务部，该部有关专家已经在这处湖底开始展开调查。专家们说："所幸发生'灾难'时湖里没有任何人。否则，生还的希望几乎等于零。要知道现在湖中的一切都已经'钻'到地底下了。"

专家们也透露，现在这个干枯的湖面已经形成了一个巨大的"阿基米德螺线"。

据下诺夫哥罗德州有关部门介绍，该湖形成于俄第一位沙皇伊凡雷(1530—1584 年)统治时期，此后历史上也出现过其他一些怪现象。例如，原来湖旁建有一座东正教教堂，但后来不知什么原因突然塌陷并被湖水淹没了。70年前，村子里也有许多房屋突然塌陷并"钻"到地底下了。俄联邦紧急事务部的一些地质专家们认为，博罗特尼克沃村一带地下可能存在中空地层，天然湖正位于中空地层一处断面上，湖水消失是中空地层再次发生塌陷造成的，而塌陷地层处可能和某条地下暗河相连，因此湖水全部被迅速"吸"到地下了。

↑ 失踪的湖

马拉维湖之谜

　　地处3个非洲国家——莫桑比克、马拉维、坦桑尼亚之间的马拉维湖，是当今世界第一奇异的湖泊。

　　这个著名的湖有着非常"淘气"的性格，据说，它调皮的时间一般是上午9时左右，马拉维湖的泱泱湖水会莫名其妙地开始缓缓消退，水位下降6米多才中止，它仿佛是玩累了，需要"歇口气"；大约"休息"2个小时，湖水又继续消失，直至出现浅滩才渐渐停息；4个小时后，"退避三舍"的湖水陆续返回"家园"；下午7时，湖水开始骚动，只见水位不断上升，直至洪流漫溢，倾泻八方；再过大约2个小时，马拉维湖才重回平静，它这一次的恶作剧才算全部完结。

　　马拉维湖的消长并无一定规律。有时一天一次，有时数日一次，有时数周一次，但每次都是上午9时左右开始，晚上9时左右结束，前后大约持续12个小时。

　　海水涨潮、落潮是尽人皆知的事，然而坐落在非洲大陆的淡水湖——马拉维湖为何也有潮汐现象呢？如果说，马拉维湖的水位之涨落是月亮和太阳的吸引力所致，但相距不远的鲁夸湖（坦桑尼亚境内）与奇尔瓦湖（莫桑比克与马拉维两国接壤处）为什么没有这种水涨水落的怪诞现象呢？法国地理学家雅克·施戈特尼斯曾经推测：马拉维湖可能隐藏着一个地下湖泊，它与地面湖形成连环湖。由于某种自然因素的作用，湖水时而泻入地下，时而涌出地面，形成今日这种令人费解的怪异现象。

1987年8月，意大利的一支地理考察队专门在马拉维湖的底层深处进行了广泛的勘察，证明雅克的设想不能成立。因此，直到现在，马拉维湖的潮汐现象仍是一个谜。

↑ 马拉维湖

尼亚加拉瀑布之谜

　　您看过杂技表演艺术家布朗亭，在尼亚加拉瀑布奔腾的激流上方48.8米高处架起长达304.8米的钢索，成功地空着双手走了过去吗？您看过他蒙上双眼、头套口袋，也同样成功地走过这304.8米的钢索吗？您看过同样的一个人踩着独轮小车过去，踩着高跷过去，背上背着人过去，坐在钢索上烹调了一个煎蛋饼还将它吃了吗？是什么使勇敢而伟大的布朗亭有如此的力量呢？那就是尼亚加拉瀑布，是它给予了布朗亭伟大而神奇的力量。

　　尼亚加拉瀑布可算得上是世界上最为神奇的地方之一了。下面就让我们一起来探视尼亚加拉瀑布的传说之谜吧。

　　构成了部分加拿大与美国的边境线，将纽约州与加拿大的安大略省分开的尼亚加拉河，从伊利湖向北流向安大略湖，全长将近48千米。它位于北面，面积为64.8万平方千米，并成为这些湖的通畅出口。它的最大水流量达到每秒7079立方米，十分令人敬畏。这条河被草莓岛和格兰德岛劈开分成3段，头8千米只有一条河道。向东的美国河道有24～26千米；向西的加拿大河道则较短，只有3～5千米。在格兰德岛后两个河道又合并到一起，再流5千米就到了举世闻名的尼亚加拉瀑布。

↑ 尼亚加拉瀑布

　　这条大河最终可到达安大略湖，先后途经 11 千米的峡谷、一片开阔的湖区平原和 11 ~ 13 千米的陆地。尼亚加拉瀑布本身也被哥特岛分成两个部分。马蹄形瀑布高度接近 49 米，顶部宽度将近 1006 千米。它比加拿大大部分的瀑布还要高大约 3 千米。但是宽度只有 302 千米的瀑布则位于美国一侧。

　　它的形成在于不寻常的地质构造。在尼亚加拉峡谷中岩石层是接近水平的，每英里仅下降 6 ~ 8 千米。岩石的顶层由坚硬的大理石构成，下面则是易被水力侵蚀的松软的地质层。激流能够从瀑布顶部的悬崖边缘笔直地飞泻而下，正是松软地层上的那层坚硬的大理石地质层所起的作用。更新世时期，巨大的大陆冰川后撤，大理石层暴露出来，被从伊利湖流来的洪流淹没，形成了如今的尼亚加拉大瀑布。通过推算冰川后撤的速度可知，瀑布至少在 7000 年前就形成了，最早则有可能是在 2.5 万年前形成的。

安赫尔瀑布探秘

　　安赫尔瀑布是世界上最高、落差最大的瀑布，它位于委内瑞拉东南部卡罗尼河支流——丘伦河上，人烟罕至。1937年，美国探险家詹姆·安赫尔驾机进行考察时首次从空中发现了它，安赫尔瀑布因此得名。

　　安赫尔瀑布是一条多级瀑布，它从圭亚那高原奥扬特普伊山的陡壁凌空泻下，落差达979米，第一级落差为807米，宽约150米。瀑布隐藏在高山密林之中，四周有高山环抱，安赫尔瀑布四周无路可通，只有乘飞机才可一览它的雄姿。

　　20世纪30年代初，美国人安赫尔从一位老探矿人那里听说，在委内瑞拉东南部的密林中有一条含金量甚高的河流。此后数年间，他四处竭力寻找这处可能存在的金矿。1935年，他来到委内瑞拉的奥扬特普伊山地区寻找金矿，那是一片辽阔的高原，当地人眼中的"魔鬼山"。他驾驶双翼机从空中搜寻，只见一道道河流流过高原边缘，消失在雨林中。

　　他绕过一座巨大岩壁，眼前出现的景象使他顿时呆住了。只见天际云端，一道河水从壁立千米的峭壁边缘直泻谷底，像一条白色丝带在空中飘舞。水声如雷，盖过了飞机的引擎声。他俯冲下望，意识到自己发现了世界上最壮观的瀑布。飞行结束后，安赫尔对外宣称自己在丛林里发现了世界上最高的瀑布，大众对此并未相信。

1949 年，美国人罗伯逊率领探险队，乘坐装有引擎的独木舟对安赫尔瀑布进行了全面的勘测。罗伯逊利用测量仪器，测得安赫

↑　安赫尔瀑布

尔瀑布的高度为 979 米，这一高度比尼亚加拉瀑布高了近 18 倍。随后，罗伯逊公布了自己的勘测结果，公众才承认安赫尔发现了世界上最高的瀑布。安赫尔瀑布水量并不稳定。雨季飞流直下，势如飞虹，满山皆被水雾笼罩。旱季瀑布水量剧减，这时谷底就会现出长年冲刷而成的圆形深坑。

1956 年，安赫尔在飞机失事中丧生，他的骨灰被撒在了瀑布上空。

Part5

神奇的岩石和洞穴

会"行走"的岩石

在美国内华达山脉东侧的"死亡谷"中，有一种能自己走路的石头，并且能留下许多"足迹"。它们引起了许多人的好奇和科学家们的注意。

↑ 会走路的石头

从 1989 年开始，美国著名科学家夏普对这一奇特现象进行了系统地观察和研究。他把 25 块石头按顺序排列，并逐个准确地标出了位置，经过定期测量，果然，这些石头几乎全部改变了自己原来的位置，有些石头还改变了原来的方向。最使他疑惑不解的是，有块石头竟然自己连续爬行了几段山坡，"行走了"长达 64 米远的路程！

科学家们对石头走路的现象作了种种推测，有的人认为是风吹的，还有的人认为是地磁感应。然而，经过进一步考察，这些说法又被一一否定了。那么究竟是什么原因促使石头"行走"的呢？这是个未解的谜。

能"报时"的奇石

　　岩石能报时？听起来近乎天方夜谭，但在澳大利亚中部阿利斯西南的茫茫沙漠中，确实有一个能"报时"的奇石。矗立在沙漠中的这块怪石高达 348 米，周长约 8000 米，仅其露在地面上的部分就可能有几亿吨重。

　　这块怪石每天通过有规律地改变颜色来告诉人们时间的流逝：早晨，旭日东升，阳光普照的时候，它为棕色；中午，烈日当空的时候，它为灰蓝色；傍晚，夕阳西沉的时候，它为红色。它是当地居民的"标准时钟"，当地居民根据它一日三次的颜色变化来安排农事以及日常生活。

　　怪石除了随太阳光强度不同而改变颜色外，还会随着太阳光照射角度的变化而变换形象：时而像一条巨大的、悠然漫游于大海之中的鲨鱼；时而像一艘半浮在海面上乌黑发亮的潜艇；时而像一位穿着青衣、斜卧在洁白软床上的巨人……

　　为了解释怪石"报时"的现象，许多考古学家和地质学家对怪石所处的气候条件、地理环境进行了详细考察，并对怪石的结构成分等进行了深入的研究。一位科学家试图这样解释怪石产生的"怪现象"：怪石之所以会变色是由于怪石处在平坦的沙漠，天空终日无云，空气稀薄，

　　而怪石的表面比较光滑。在这种情况下，怪石表面有镜子的作用，能较强反射太阳光，因而从清晨到傍晚天空中颜色的变化能在怪石上相应地得到呈现。

　　怪石变幻形象则是由于太阳光在不同的气候条件下活动，产生反射和折射的数量及角度也不同，当这种变化反映到人眼，即成为怪石幻形。

　　科学家对怪石"报时"的说法虽不能完全解释其产生的原因，但也为世人稍微解开了一丝谜团。

↑　报时石

地球上最古老的岩石

1983 年，堪培拉澳洲国立大学一批地质学家和地球物理学家，发现了一些小岩块可能是地球上最古老的岩石。

这批科学家在澳洲西部纳里耶山区利用离子微针探测远古砂岩的放射性变化，以断定岩石年代。他们发现，那里的锆石结晶已有 42 亿年历史，比以前发现的最古老岩石还早 4 亿年。经过进一步研究该区的岩石后，不但证实了这批科学家的研究结果，而且找到了一些已有 43 亿年历史的小岩块，把远古岩石的年代推前了 1 亿年。这些小石如此古老，很可能是在气体云凝缩成太阳系的过程中，熔融状星球冷却时最早形成的岩石。

科学家相信，地球和太阳系的其他星球，都是在 50 亿—60 亿年前由一团巨大的气体云演变而成的。这团气体从开始冷却到凝成最早的岩石，经历了约 10 亿年时间。这些岩石构成地球外壳，地球内部依然是炽热的气体，不断扰动蒸腾，使刚形成的外壳屡次熔化破裂。直到内部热量散发到一定程度，地壳才逐渐硬化，形成大片陆地。

在澳洲西部这些石块出土前，由于未能找到最古老的岩石作为证明，有关地球怎样形成的资料并不充足，科学家不得不从其他方面找寻有关

↑　古老的岩石

地球年龄的证据。

　　科学家已知地球、月球以及其他行星、陨星几乎都在同一个时期内形成。地质学家测量陨石的放射性衰变量，算出陨星有 46 亿年历史；一些相信属于月球最古老外壳的岩石同样有 46 亿年历史。地球在气层中的氩（由钾放射性衰变而成的气体）量，也证实地球的年龄与月球相同。

　　1983 年之前，地球上已知最古老的岩石是在格陵兰伊苏阿发现的。这块火山岩卵石于 1971 年被验明约有 36 亿年历史，可知那时已有坚硬的地壳。但是，这个数字与先前测得的地球应有年龄还差近 10 亿年。如今，澳洲西部那些 42 亿年的锆石粒把这个空白填补了一部分，并为地质学家提供了研究地壳起源和演变的难得机会。

巨型怪石球之谜

　　在墨西哥西部的哈利斯哥省，在一处饱受侵蚀的山边，散布许多古老的大石球，看似是众神丢弃的巨型保龄球。这些石球直径由 4 米到 11 米不等。1967 年石球的消息发现成为一个科学侦探故事的开端。

　　最初，除住在阿美卡山崎岖山坡附近的一些墨西哥农夫外，一般人只知道有这样一个神秘石球。但是显然不晓得石球有何奇特之处。前人所知的那个石球，直径 6 米，置于早已废弃的"石球"银矿场进口处一个天然岩石座上。该矿场位于阿美卡山上高处，在瓜达拉哈拉以西约 26.4 万米。石球均呈浑圆，一直认为是人造的——也许是哥伦布发现新大陆前某族印第安人用岩石凿成的宗教象征。

　　但到了 1967 年，这个想法被推翻了。若干年前担任过石球银矿场监督的美国采矿工程师戈登重临墨西哥，到那个杂草丛生的荒僻地区去勘探矿藏。他在离旧矿场不足 5280 米的地方，发现另外 4 个大石球，感到很惊奇。这些石球像他记忆中的那一个同样匀圆，只是遭受风雨剥蚀的程度较为严重。还有第五个，已经损坏得很厉害，但仍认得出球形的轮廓。

　　考古学家史特灵曾在报告中，描述哥伦布发现新大陆前哥斯达黎加印第安人从花岗石凿成的圆滑石球。戈登知道此事，于是把拍下的石球照片送给这位考古学家兼作家，还表示愿意带他去哈利斯哥石球所在地。

1967年12月，史特灵飞抵墨西哥，立即在阿美卡山工作，挖掘半埋在土里的石球。没想到结果又掘出另外17个石球。这座山上似乎到处都埋着大石球。如果不是其中一名土著工人抗命扔下铁锹，史特灵等一队人可能会一直在那里掘下去。那名工人想知道，只要越过接邻的山岭，就能找到多得使任何人都心满意足的石球，而且都露在地面上，那么还在这里掘来掘去干什么？

辛苦攀登了一小时后，阿美卡村民所说的话得到证实。快到山顶处，他们遇到一个石球，比他们见过的都大。那个石球直径11米，位于山岭顶端。他们到达山顶后，朝下面山坡望去，绵延直到谷底的树木间，看到几十个大石球。其中几个形状如梨，还有两个接连在一起，像个古怪的哑铃。除风雨剥蚀的创痕外，大部分几乎是圆球形，大小也几乎相同，直径约为6米。有些好像是从原来位置滚到下面的峡谷，落在碎石中。这些碎石是几个石球滚下峡谷碰得粉碎而成的。有一个仍在原来位置，已裂分为二，显然是毁于林火。另一个石球顶端，长出一棵像羽毛似的小树。

史特灵博士早已开始怀疑石球是由人工凿成的说法。这次新发现，更使他深信石球必是大自然的独特创作。这一带山区没有人类居住过的迹象。没有陶器碎片，也没有任何人工制品。现在发现这么多大石球，就可说明不管印第安人如何勤劳，根本不可能都是他们凿成的。石球必然是自然界的产物。

1968年3月，一个科学调查团来到阿美卡山，想解开石球之谜。该团是由美国地理学会、史密生博物馆及美国地质调查局联合组成，由美国地质学家史密斯率领。

这个谜团的主要部分很快就得到解答。史密斯博士研究过新墨西哥州若干直径 2 米的天然石球，断定那是由叫做黑曜石的火山玻璃构成。这些墨西哥大石球属于同样的物质，他还断定这些石球就像新墨西哥州的一样，是在极深的火山灰沉积下形成的。

↑ 墨西哥怪石球

史密斯博士根据该区的地质情况断定，约 4000 万年前，该处曾发生过由火山爆发引起的山崩。"火山灰流的沉积物，从前必曾覆盖着阿美卡山大部分地方，但侵蚀作用除去沉积物，仅有少量残留下来。"

"这些石球是在高温下结晶而成的，"他推论说，"火山灰中的 75% ～ 85% 是热火山玻璃，温度约在华氏 1000℃ ～ 1400℃ 之间。火山玻璃在这种高温中，缓慢冷却，可以结晶。结晶过程围绕着许多核心开始，逐渐以球面向外扩展，直到温度降低或与邻近石球接合时才停止。"

"我只看过一个石球仍包在原来的火山灰内，因为火山灰较软，容易被侵蚀掉。经过侵蚀后，地面就留下裸露可辨的石球。"

史密斯博士承认，结晶过程是否正如他所描述的一样，也许无法证实，即使拿火山岩及火山灰样本到化验室里作出彻底分析，也不能证明。但是，阿美卡山石球来源的问题，已经大致获得解答。在地球上有人类之前的几千万年，石球已在这个远古火山的炽热环境中诞生。

"石彩虹"之谜

　　一座瑰丽的红色砂岩石拱——弯弯架在美国犹他州南部山区岩石间，像是彩虹幻化而成的，是世界一大奇观，也是派尤特印第安神话和纳瓦霍印第安神话的中心。

　　美国犹他州南部，派尤特印第安人和纳瓦霍印第安人流传了许多神话，其中一个便提及一道"石彩虹"。那是一座美丽的石拱，形状和颜色都酷似天上的彩虹，只有少数土著知道在哪里。1909年，3位白人听说纳瓦霍山附近有此奇观，受好奇心驱使，骑马走过石质荒原和迂迴的峡谷，一心要看看这个非凡的天然胜景。他们雇了两名印第安向导，走过美国境内最苍凉的荒野，终于找到了雄伟的彩虹桥。

↑ "石彩虹"

　　他们看到彩虹桥，都给镇住了。这座天然石桥，不但形如彩虹，颜色也十分相似。万里无云的蓝天下，粉红色砂岩透着淡淡的暗紫色，午后则点染赤褐和金棕。

这是天然石拱中最大最完整的一座，形态优美，长94米，跨越宽85米的峡谷，那几乎等于4个网球场的总长度。桥底至桥顶高88米。桥身厚13米，宽10米，足以容纳双线行车。单是硕大雄伟的特质，就使罗斯福总统赞叹不止，称之为世界最壮观的天然奇景。

彩虹桥本是突出悬崖的石嘴，桥伸石桥河之上。石桥河平日流量不大，雨季则河水暴涨，带来大量泥沙，刮擦石嘴基部。年深日久，把石嘴基部掏空，形成桥孔，留下美石桥高架半空。强风侵蚀，把石桥"打磨"得表面光滑，线条流畅。

"石彩虹"是纳瓦霍印第安人的圣地。到那里的唯一通路，隐蔽在狭窄的峡谷中，艰险难寻。首批白人来到这里后，才恍然大悟，明白为什么知道"石彩虹"所在的印第安人那么少。

1910年，美国政府把彩虹桥列为国家名胜，予以保护。1964年格伦峡谷堤坝落成，格伦峡谷堤坝拦截河水，蓄成鲍威尔湖，使科罗拉多河水面升高，20千米难以穿越的陆地险径变为易于通航的水路，游人可以乘船抵达彩虹桥附近。

犹他州有许许多多同类的砂岩石拱，单在石拱国家公园里，就有200多座。石拱国家公园位于彩虹桥以北300千米，那里的"景观拱"也是一座保持世界纪录的天然石拱：全长89米，为世界最长的天然大桥。"景观拱"很脆弱，其中一段仅厚1.8米，距峡谷底平均约30米。

公园内另一座宏伟的石拱名为"铁弱拱"，当地人却按其形状谑称为"女人的灯笼裤"。"铁弱拱"比一座7层大厦还要高，傲然独立在荒凉石谷的边缘，从桥孔中能看到下面拉萨尔山脉的全貌。

弗拉沙西洞穴之谜

　　1971 年，一批洞穴学家在意大利安科纳弗拉沙西峡谷一带探索，无意中在亚平宁山脉下面找到一连串规模宏大的地下穴室和走廊，全长 13 千米，为 20 世纪洞穴学上一大发现。

　　他们手持光线微弱的手电筒，沿曲折的地下长廊摸索前进，涉水走过一个个深及膝盖的清水池和泥浆潭，只见石笋林立，像一根根华丽的水晶柱。再往前进，又湿又冷的洞穴网错综复杂，恍如大理石的巨型石柱使人眼花缭乱，好像冰雪覆盖的精美石帘叫人目不暇接。100 多万年侵蚀造成的奇景，一一展现在眼前。

　　弗拉沙西峡谷两边峭壁陡立，蜿蜒近 3.2

↑　弗拉沙西洞穴

千米，由湍急的森蒂诺河冲刷而成。森蒂诺河是伊西诺河的支流，伊西诺河发源自亚平宁山脉，往东北流入亚得里亚海。弗拉沙西峡谷两边的绝壁都是石灰岩，满布洞穴。其中"教堂穴"内，建有奉献给弗拉沙西圣玛丽亚的 11 世纪小教堂，以及教皇利奥十二世 1828 年下令建造的八角形教堂。发现弗拉沙西洞穴的地下奇景后，寂静的安科纳顿时变得举世闻名。

弗拉沙西峡谷两旁的山岭，是典型的岩溶地带，又称"喀斯特"地貌。"岩溶"是地质学名词，意指可溶岩石如石灰岩等，受酸性雨水侵蚀，形成特殊的地貌。互通的洞穴、落水洞、伏流、地下河等，都是岩溶地貌的特征。

弗拉沙西洞穴包括几组洞穴，最大的首推"大风洞"。沿平坦的小路约走 1.5 千米来到石灰岩山下，就到达这个奇妙的世界。岩石涧凿通一条短隧道，通往一个大如主教堂的洞穴。中央为"安科纳深渊"，漆黑一片，深不见底。

深渊旁屹立一巨人柱，那是一根巨大的石灰岩柱，表面凹凸不平，蚀刻很深。"巨人柱"对面是"尼亚加拉瀑布"，钟乳石重重垂挂，果真叫人想到飞珠溅玉、水声如雷的尼亚加拉瀑布。更深处的"蜡烛穴"内，石笋从浅水池面冒出，闪闪发亮，正像点着的蜡烛。加上底部的白"烛台"和引人入胜的灯光，美丽异常。

这些洞穴以地质学研究价值和奇幻美景饮誉于世。这里环境特殊，温度稳定，湿度高。虽然缺乏阳光，食物稀少，但是扁虫、千足虫、瞎眼的地洞蟏蛸和螯虾等大量繁衍。数量最多的动物首推蝙蝠，白天躲在"蝙蝠洞"里，晚上出来觅食。

"无底洞"之谜

　　地球上是否真的存在"无底洞"？按说地球是圆的，由地壳、地幔和地核三层组成，真正的"无底洞"是不应存在的，我们所看到的各种山洞、裂口、裂缝，甚至火山口也都只是地壳浅部的一种现象。然而我国一些古籍却多次提到海外有个深奥莫测的无底洞，如《山海经·大荒东经》记载："东海之外有大壑"。《列子·汤问》："渤海之东不知几亿万里，有大壑焉，实惟无底之谷，其下无底，名曰归墟。八纮九野之水，天汉之流，莫不注之，而无增无减焉。"事实上地球上确实有这样一个"无底洞"。

　　它位于希腊亚各斯古城的海滨。由于濒临大海，在涨潮时，汹涌的海水便会排山倒海般地涌入洞中，形成一股湍湍的急流。据测，每天流入洞内的海水量达30000多吨。奇怪的是，如此大量的海水灌入洞中，却从来没有把洞灌满。曾有人怀疑，这个"无底洞"，会不会就像石灰岩地区漏斗、竖井、落水洞之类的地形。然而从20世纪30年代起，人们作了多种努力企图寻找它的出口，却都是枉费心机。

　　为了揭开这个秘密，1958年美国地理学会派出一支考察队，他们把一种经久不变的带色染料溶解在海水中，观察染料是如何随着海水一起沉下去的。接着又察看了附近海面以及岛上的各条河、湖，满怀希望地去寻找这种带颜色的水，结果都令人失望。难道是海水量太大把有色水稀释得太淡，以致无法发现？

几年后他们又进行了新的试验，他们制造了一种浅玫瑰色的塑料小颗粒。这是一种比水略轻，能浮在水中不沉底，又不会被水溶解的塑料粒子。他们把 130 千克重的这种肩负特殊使命的物质，统统掷入到打旋的海水里。片刻功夫，所有的小塑料粒子就像一个整体，全部被无底洞吞没。他们设想，只要有一粒在别的地方冒出来，就可以找到"无底洞"的出口了。然而，发动了数以百计的人，在各地水域整整搜寻了一年多以后，他们仍一无所获。

至今无人知晓为什么这里的海水没完没了地"漏"下去，这个"无底洞"的出口又在哪里？每天大量的海水究竟都流到哪里去了？

↑　安伯葛利斯岛大蓝洞

135

直下千米的神奇溶洞

　　格鲁吉亚的岩洞很多，已查明的就有 500 多个。其中一个叫托夫利阿尼的岩洞是最近发现的，深达 1190 米，但比世界著名深洞——欧洲的别尔热岩洞、皮埃尔·圣马丁洞和让—贝尔纳山洞，却要浅些。

　　托夫利阿尼岩洞位于格鲁吉亚西部，当地风景优美，洞内有许多水池、瀑布和水井，其中一口井深达 1600 米。洞口全年温度保持在 0℃，在 965 米深处为 5℃ ~ 6℃。

　　欧洲石灰岩高原维尔科尔地区，海拔 1450 米。几百万年来，在温暖多雨的条件下，多缝隙的石灰岩层经过水的溶蚀，形成了一个巨大的深洞——别尔热岩洞。

　　别尔热岩洞宽约 5 米，向下到 10 米深处，洞穴突然变得狭窄起来，只能困难地爬行。洞穴里有狭而窄的穴井，也有突然出现的地下大厅。整个洞穴差不多是纵深地向地下发展的，悬崖壁立般的穴井坑道，仿佛是垂直的"天梯"。洞穴里有地下水流过，还有湍急的瀑布和清澈的湖水。

　　法国探险家曾深入到洞穴的深处，在峭壁上用铁锤凿洞、悬上绳梯，攀援而下，直到 1000 米深处，还是个望不见底的深渊。他在沿途发现了许多大厅。有个大厅里，一个满布计算旋涡的小湖，深不见底；有个巨大的突出岩块，一股水流从岩壁喷下来，发出轰隆隆的大炮声响。

据科学家研究计算，这个洞从地面向下，每下降100米，地温一般要升高3℃左右，在千米深处，温度会增高到30℃左右。可是，别尔热岩洞却是例外，那里寒气逼人！

法国比利牛斯山中的皮埃尔·圣马丁深洞的洞底离洞口深达1332米，是世界上最深的山洞之一。

在距离勃朗峰40千米的阿尔卑斯山中，有一个叫让—贝尔纳的山洞，是世界最深的洞。它的名字是为了纪念两位60年代在这里考察时牺牲的年轻洞穴学家而命名的。1982年，里昂一个洞穴学家小组曾下到让—贝尔纳洞的1490米深处，打破了他们上一年创造的1440米的记录。

参加这次考察活动的共16人，包括两名蛙人。洞的结构很复杂。洞穴通道经

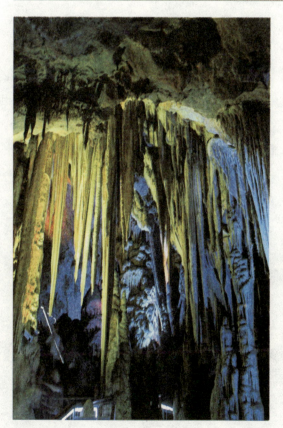

↑ 溶洞

过的地方有好几处是积满水的水坑，人们叫它"水帘洞"。为了通过这些地方，到达洞穴中的干燥部分，必须有潜水员的装备和经验。在通往1400米深处的途中，小组14个成员担任了两个蛙人的搬运工，帮他俩到达了目的地。蛙人先经过了3个"水帘洞"，第四个"水帘洞"太窄，无法通过。